ब्रिटिश कालीन भारतीय शिक्षा

जगदीश चन्द

उप शिक्षा निदेशक (सेवानिवृत), शिक्षा निदेशालय, दिल्ली
कार्यकारी निदेशक (सेवानिवृत), पाठ्य पुस्तक ब्यूरो, दिल्ली

ANSHAH अंशः पब्लिशिंग हाउस

First Published in India in 2008

ISBN: 978-81-8364-101-2

2014 Impression

British Kalin Bhartiya Shiksha

Published by:

ANSHAH PUBLISHING HOUSE

LG 18-19, Pankaj Central Market,
Patparganj, Delhi 110092, Ph. 22235152, 22236152
Br. Off.: 4617/18, Ansari Road, Daryaganj,
New Delhi 110002; Ph.9650028065, 9810522367
Email: info@shiprapublications.com
Website: www.shiprapublications.com

प्राक्कथन

अठारवीं शताब्दी के उत्तरार्ध में भारत में अनेक महत्त्वपूर्ण राजनीतिक, सांस्कृतिक तथा आर्थिक घटनाएँ घटीं। विभिन्न यूरोपीय शक्तियों ने भारत में सत्ता जमाने के प्रयास किए। पहले उन्होंने व्यापार करना शुरु किया। तदुपरान्त राजनीतिक मामलों में हस्तक्षेप करना आरम्भ किया। इस संघर्ष में इग्लैंड में स्थापित ईस्ट इंडिया कंपनी ने अन्य यूरोपीय कंपनियों को मात दी। इस कंपनी ने प्लासी की लड़ाई (1757) तथा बकसर की लड़ाई (1764) के पश्चात् लगभग सारे भारत पर परोक्ष तथा अपरोक्ष रूप से अपनी राजनीतिक सत्ता स्थापित की। इस के पश्चात् कम्पनी ने शिक्षा के क्षेत्र में अपनी शिक्षा नीति बनायी जिस के निमार्ण का श्रेय लार्ड मैकाले को जाता है। भारत में अंग्रेजी शासन का प्रमुख उद्देश्य अधिक से अधिक आर्थिक लाभ उठाना तथा भारतीयों की संस्कृति दर्शन तथा शिक्षा की अवहेलना करके यूरोपीय रूप देना था।

प्रस्तुत पुस्तक में अंग्रेजों द्वारा बनाई गई नीति की विस्तार से विवेचना की गई है। पुस्तक के 12 अध्यायों में ब्रिटिश कालीन भारतीय शिक्षा के प्रत्येक पक्ष पर प्रकाश डाला गया है।

इस पुस्तक में लेखक की 'भारत में शिक्षा व्यवस्था का विकास' पुस्तक में से सामग्री ली गई है।

लेखक उन सभी लेखकों तथा प्रकाशकों का आभारी है जिनके प्रकाशनों से यह पुस्तक लेखन में सहायता ली है।

जगदीश चन्द

विषय सूची

प्राक्कथन

1. मैकाले का विवरण पत्र (1835) तथा बैंटिक की विज्ञप्ति (1835) 1
[Macaulay's Minute (1835) and Bentinck's Proclamation (1835)] 1

2. विलियम एडम की शिक्षा सम्बन्धी रिपोर्टें: सिफारिशें (1835-1838)
(William Adam's Reports on Education: Recommendations) 12

3. वुड का घोषणा पत्र अथवा आज्ञापत्र (1854) 17
(Wood's Despatch 1854)

4. भारतीय शिक्षा आयोग अथवा हण्टर आयोग (1882-83): संस्तुतियाँ, मूल्यांकन तथा प्रभाव 30
(Indian Education Commission or Hunter Commission (1882-83): Recomendations, Evaluation and Impact)

5. लॉर्ड कर्जन तथा शिक्षा 38
(Lord Curzon and Education)

6. राष्ट्रीय चेतना का विकास तथा राष्ट्रीय शिक्षा का आन्दोलन 46
(Growth of National Consciouness and National Education Movement) 46

7. गोपाल कृष्ण गोखले का प्राथमिक शिक्षा पर प्रस्ताव तथा इसका प्रभाव (1910-12) 53
(Gopal Krishna's Gokhale's Resolution on Primary Education and Its Impact) 53

8. सरकारी शिक्षा नीति प्रस्ताव 1913 तथा सैडलर आयोग 1917 57

(Government Resolution 1913 and Sadler Commission 1917) 57

9. हर्टाग कमेटी (1928) 65

(Hartog Committee 1928) 65

10. वर्धा शिक्षा योजना/बेसिक शिक्षा/बुनियादी शिक्षा/नई तालीम (1937) 74

(Wardha Scheme of Education/Basic Education/Buniyadi Shiksha/Nai Talim, 1937) 74

11. एबट-वुड कमेटी रिपोर्ट (1937) तथा सार्जेन्ट रिपोर्ट (1944) 89

(Abbott-Wood Committee Report 1937 and Sargent Report 1944) 89

12. अंग्रेजी शासन काल में भारतीय शिक्षा का सिंहावलोकन 103

(Overview of Indian Education During the British Rule) 103

1

मैकाले का विवरण पत्र (1835) तथा बैंटिक की विज्ञप्ति (1835)

[Macaulay's Minute (1835) and Bentinck's Proclamation (1835)]

अंग्रेजी राज्य की भारत में स्थापना तथा शिक्षा पर प्रभाव

Establishment of English Government in India and Its Effect on Education

'यथा राजा तथा प्रजा'–यह कहावत प्राय: सत्य ही मानी जाती है। इस का अर्थ है, 'जैसा राजा, वैसी प्रजा'। अंग्रेज शासकों ने अपनी आवश्यकताओं के अनुरूप भारतीय शिक्षा, भारतीय अर्थव्यवस्था, भारतीय संस्कृति आदि अनेक पक्षों को प्रभावित किया।

23 जून 1757 ई. को प्लासी की लड़ाई में विजय के पश्चात् अंग्रेजों ने भारत पर अपना आधिपत्य स्थापित करने की प्रक्रिया शुरू की और 7 फरवरी 1856 को लॉर्ड डलहौजी (1848-1856) द्वारा अवध राज्य को ब्रिटिश साम्राज्य में मिलाए जाने के साथ यह क्रिया पूरी हो गई। लॉर्ड क्लाइव (1757-1760 और 1765-1767) को भारत में अंग्रेजी शासन का संस्थापक कहा जाता है। लॉर्ड माउण्टबेंटन भारत का अन्तिम वायसराय (1947-48) था। 15 अगस्त 1947 को अंग्रेजी शासन का भारत में अन्त हुआ परन्तु इसकी शिक्षा पर छाप अब भी दिखाई देती है।

1813 का आज्ञा पत्र
(Charter of 1813)

1813 आज्ञापत्र की पृष्ठभूमि

इंगलिश ईस्ट इंडिया कम्पनी की स्थापना 1600 ई. को इंग्लैण्ड की रानी एलिजाबेथ प्रथम के 'आज्ञापत्र' द्वारा, पूर्वी देशों से व्यापार के लिए, की गई थी। परन्तु समय गुजरने पर इसने व्यापार बढ़ाने के लिए भारत में युद्ध करने आरम्भ किए तथा राजनैतिक सत्ता भी सम्भाल ली। सन् 1757 में प्लासी की विजय तथा सन् 1764 में बक्सर की विजय के पश्चात् तो कम्पनी ने शासन की बागडोर भारत के अनेक भागों में अपने हाथ में ले ली। पहले उच्च शिक्षा के क्षेत्र में कम्पनी ने उच्च शिक्षा की संस्थाएँ स्थापित करने में रुचि ली। 1781 में मुस्लिम उच्च शिक्षा के लिए कलकत्ता मदरसा स्थापित किया। 1791 में बनारस संस्कृत कॉलेज की स्थापना की।

सन् 1813 के आज्ञापत्र में शिक्षा का स्थान

इंगलिश ईस्ट इंडिया कम्पनी का 'आज्ञापत्र' प्रत्येक बीस वर्ष के पश्चात् ब्रिटिश संसद द्वारा पुनावर्तन किया जाता था। इस उद्देश्य से 1813 में 'आज्ञापत्र' से भारत में शिक्षा प्रसार का उत्तरदायित्व कम्पनी के ऊपर रखा गया। इसमें कहा गया, "साहित्य के पुनरुद्धार और उन्नति के लिए भारतीय विद्वानों को प्रोत्साहित करने के लिए और भारत में ब्रिटिश के अधीन क्षेत्रों में रहने वाले निवासियों में विज्ञानों के ज्ञान का प्रसार एवं विकास करने के लिए प्रतिवर्ष कम से कम एक लाख रुपये की धनराशि पृथक् रखी जाए और व्यय की जाए।"

आज्ञापत्र का प्रभाव

इस आज्ञापत्र ने यह स्पष्ट कर दिया कि भारत में कम्पनी शिक्षा के क्षेत्र में कार्य करेगी।

इस आज्ञापत्र ने निम्नलिखित प्रश्नों को जन्म दिया।

1. कम्पनी किस प्रकार के साहित्य का प्रसार करेगी–भारतीय अथवा पश्चिमी।
2. किस भाषा में साहित्य का प्रसार किया जाएगा?–भारतीय अथवा यूरोपियन।

3. किन विज्ञानों का प्रसार किया जाएगा? भारतीय अथवा पश्चिमी।

आज्ञा पत्र ने प्राच्य-पाश्चात्य विवाद को जन्म दिया।

प्राच्य-पाश्चात्य विवाद तथा मैकाले

(Oriental-Occidental Controversy and Macaulay)

प्राच्य-पाश्चात्य विवाद का कारण

1813 के आज्ञापत्र के अनुसार कई वर्षों तक शिक्षा के क्षेत्र में कोई कार्य न हो सका। जैसा कि ऊपर दर्शाया गया है, इस आज्ञापत्र ने कई विवादों को जन्म दिया।

जब लॉर्ड मैकॉले भारत में आया तो उस समय (प्राच्य-पाश्चात्य (Anglo-Oriental) विवाद) चरम सीमा पर था। 1813 के आज्ञापत्र (Charter) के अनुसार शिक्षा के लिए प्रतिवर्ष कम से कम एक लाख रुपये की धनराशि खर्च करने का प्रावधान था। परन्तु इस बात को स्पष्ट नहीं किया गया था कि यह राशि प्राच्य शिक्षा अथवा पाश्चात्य शिक्षा पर खर्च की जानी है तथा शिक्षा का माध्यम क्या हो? फलस्वरूप इस प्रश्न को लेकर वाद-विवाद आरम्भ हुआ। इस वाद-तिवाद का हल मैकॉले ने किया।

विवाद के तीन पक्ष

(Three Portion in the Controversy)

विवाद के मुख्यत: निम्नलिखित तीन पक्ष थे–

1. अरबी-संस्कृत के समर्थक।
2. प्रान्तीय भाषाओं के समर्थक।
3. अंग्रेजी के समर्थक।

अरबी-संस्कृत के समर्थक

भारतीय ब्रिटिश शासकों में शिक्षा-संबंधी तीन गुट थे। भारत में शिक्षा के विरोधियों का तो अंत हो रहा था क्योंकि अब पार्लियामेण्ट ने ही शिक्षा के लिए सरकारी प्रोत्साहन की नीति मान ली थी। इन गुटों में एक दल वारेन हैस्टिंग्ज और मिण्टो का अनुयायी था, जो भारतीय साहित्य, धर्म, दर्शनों आदि की शिक्षा के साथ ही पाश्चात्य दर्शनों तथा विज्ञानों की शिक्षा देना उचित मानता था, किन्तु इनका

माध्यम अरबी तथा संस्कृत रखने के पक्ष में था। स्कूलों का संगठन भी ये भारतीय विधियों द्वारा ही करना चाहते थे जैसे बनारस संस्कृत कॉलेज का संगठन धर्मशास्त्र के नियमों के अनुसार हुआ था। इन स्कूलों में निःशुल्क शिक्षा, अध्यापकों तथा शिष्यों के निकटतम संबंध द्वारा दी जाती थी। शिक्षा धर्म तथा संस्कृति को केन्द्र मानकर ही आगे बढ़ती थी। कलकत्ता मदरसा तथा बनारस संस्कृत कॉलेज को ही आदर्श मानकर शिक्षा-प्रसार करना चाहते थे। आवश्यकतानुसार वे उनके पाठ्यक्रम में कुछ परिवर्तन भी करने के पक्ष में थे, जैसे अंग्रेजी कक्षायें जोड़ देना।

भारतीय भाषाओं के समर्थक

इस दल की आस्था प्रांतीय भाषाओं के माध्यम पर थी। वे पाश्चात्य विज्ञान भी इन्हीं भाषाओं में अनुवादों द्वारा पढ़ाने के पक्षपाती थे। अंग्रेजी को ये वैकल्पिक रूप से इच्छुक विद्यार्थियों तक ही सीमित रखना चाहते थे। मुनरो तथा एलिफन्स्टन इस दल के नेता थे। वे देशी शिक्षालयों में सुधार तथा पाठ्यक्रम में विस्तार चाहते थे। अध्यापकों की योग्यता में वृद्धि करके वे उन्हें विस्तृत पाठ्यक्रम पढ़ाने के योग्य बनाना चाहते थे। निरीक्षण के भी ये हामी थे।

अंग्रेजी के समर्थक

तीसरा दल अंग्रेजी साहित्य तथा पाश्चात्य विज्ञानों की शिक्षा को अंग्रेजी माध्यम द्वारा देना ही उचित मानता था। इस दल के अनेक समर्थक थे और उनके दृष्टिकोण भी भिन्न थे। इसके समर्थक सभी प्रांतों में थे पर बंगाल में तुलनात्मक दृष्टि से कुछ अधिक थे। इन्हीं का अंत में जोर हुआ और इन्होंने भारत में नयी शिक्षा प्रणाली की नींव रखी।

सभ दलों में भारतीय भी थे। तीसरे दल के भारतीय समर्थकों में राजा राममोहन राय का नाम उल्लेखनीय है। ये बंगाल में स्थित उस भारतीय शिक्षित समाज के अगुआ थे जो अत्यन्त अल्पमत में था तथा जिसने ब्रिटिश संबंध से होने वाले लाभों के फेर में पड़कर क्रांति द्वारा अंग्रेजी राज्य के मूलोच्देद की भावना को भुला दिया था। इस दल के उद्देश्य सरकार से सहयोग करके समाज की अधिकाधिक उन्नति और प्रगति करना था। उनके अल्पकालीन उद्देश्य थे अंग्रेजी शिक्षा द्वारा पदों की प्राप्ति, शिक्षितवर्ग की वृद्धि तथा सम्पन्नता।

इसी तीसरे गुट में बेंटिंग, ट्रवेलियन आदि भी थे जो शिक्षा द्वारा अंग्रेजी राज्य की नींव दृढ़ और ब्रिटिश शासन को दीर्घायु करना चाहते थे। उनके विचार में भारतीय शिक्षा उन्हें जाग्रत कर देगी। पर उसके विपरीत यह शिक्षा उन्हें अंग्रेजों

पर आश्रित तथा अंग्रेजी सम्बंध के लिए कृतज्ञ बना देगी तथा शिक्षित समाज का जब तक बहुमत न होगा वह ब्रिटिश सत्ता का पोषक रहेगा, क्योंकि उसे भी जनता से भय रहेगा।

मैकॉले का विवरण पत्र (Macaulay's Minute 1835)

10 जून को लॉर्ड मैकॉले भारतीय गवर्नर जनरल की कौंसिल के सदस्य बनकर भारत आए। उन्हें यहाँ "जनरल कमेटी ऑफ पब्लिक इन्स्ट्रक्शन" का अध्यक्ष बनाया गया। सन् 1835 में मैकॉले ने गवर्नर जनरल की कौंसिल के सामने अपना प्रसिद्ध विवरण पत्र (Minute) रखा, जिसके अनुसार पाश्चात्य शिक्षा और अंग्रेजी माध्यम की सिफारिश की गई। 7 मार्च 1835 को लॉर्ड विलियम बैंटिक ने सरकारी नीति स्थिर करते हुए घोषणा की–"ब्रिटिश सरकार का महान् उद्देश्य है कि इस देश में यूरोपीय साहित्य तथा विज्ञानों की उन्नति हो और शिक्षा पर होने वाला समस्त व्यय अंग्रेजी शिक्षा पर ही करना उसका श्रेष्ठतम उपयोग होगा।"

मैकॉले के विवरण पत्र के कुछ अंश (Extracts from Macaulay's Minute's)

शिक्षा का उद्देश्य

मैकॉले शिक्षा के द्वारा भारत में ऐसे लोग निर्माण करना चाहता था जो "रंग-रूप में तो भारतीय हों किन्तु वेशभूषा, बातचीत, चिन्तन तथा विचारों में अंग्रेज हों।" मैकॉले की यह इच्छा आज भी कुछ पाश्चात्य शिक्षा प्राप्त भारतीय पूरी कर रहे हैं।

भाषा संबंधी विचार

मैकॉले ने इस प्रकार के विचार प्रस्तुत किए हैं–

1. "अच्छे यूरोपीय साहित्य की एक अल्मारी अरब तथा भारत के समस्त साहित्य से अधिक महत्त्वपूर्ण है।"
2. "भारत के निवासियों में प्रचलित देशी भाषाओं में साहित्यिक एवं वैज्ञानिक ज्ञान कोष का अभाव है तथा वे इतनी अविकसित और गँवारू हैं कि जब तक उन्हें बाह्य भण्डार से सम्पन्न नहीं किया जाएगा, उनमें सुगमता से किसी भी महत्त्वपूर्ण ग्रन्थ का अनुवाद नहीं हो सकेगा।"

3. मैकॉले ने संस्कृत साहित्य का मज़ाक उड़ाते हुए लिखा कि उसमें ऐसे "चिकित्सा सिद्धांत पढ़ाए जाते हैं, जिन पर अंग्रेज पशु-चिकित्सकों को लज्जा आयेगी, ज्योतिष ऐसा है, जिस पर स्कूलों की अंग्रेज बालिकाएँ हँस पडेंगी, भूगोल ऐसा है जिसमें शीरे तथा मक्खन के समुद्रों के वर्णन हैं।"
4. अंग्रेजी भाषा की प्रशंसा करते हुए उन्होंने लिखा है, "यह भाषा पाश्चात्य भाषाओं में भी सर्वोपरि है, जो इस भाषा को जानता है, वह सुगमता से उस विशाल ज्ञान-भण्डार को प्राप्त कर सकता है जिसे विश्व की सबसे बुद्धिमान जातियों ने रचा है।"
5. इसके बाद मैकॉले ने लिखा था कि संस्कृत तथा अरबी के विद्यार्थियों को छात्रवृत्ति देनी पड़ती है जबकि अंग्रेजी के विद्यार्थी स्वयं फीस अदा करते हैं। "संसार के किसी भी कोने में लोगों को लाभदायक तथा रुचिकारक कार्यों के लिये वेतन नहीं देना पड़ता।"
6. "भारत में अंग्रेजी शासकों की भाषा है तथा राजधानियों में उच्च वर्ग के भारतीय भी इसे बोलते हैं। आस्ट्रेलिया तथा अफ्रीका में उन्नतिशील यूरोपियों की भी यही भाषा है। यही पूर्वी व्यापार की भाषा बनने वाली है। अत: चाहे हम भाषा के महत्त्व पर विचार करें अथवा देश की परिस्थिति पर अंग्रेजी ही भारतीयों के लिए सबसे हितकर रहेगी।
7. 1813 के आज्ञापत्र के बारे में मैकॉले ने लिखा, "..... मेरी समझ में संसद के कानून का वह अर्थ किसी भी प्रकार नहीं लग सकता जो लगाया गया है। उसमें विशेष भाषाओं तथा विज्ञानों का नाम नहीं है, केवल विद्वानों के प्रोत्साहन तथा साहित्य के पुनरुद्धार के लिये एक धनराशि सुरक्षित की गई है। तर्क दिया जाता है कि साहित्य से संसद का अर्थ अरबी तथा संस्कृत साहित्य ही हो सकता है और भारतीय विज्ञान से उसका तात्पर्य न्यूटन का भौतिक शास्त्र नहीं हो सकता।...... ... यह अर्थ संतोषजनक नहीं है....... यह एक लाख रुपया 'साहित्य के पुनरुद्धार' के ही लिये नहीं है वरन् 'भारतीयों में विज्ञान के प्रसार' के लिए भी है। ये ही शब्द मेरे चाहे परिवर्तनों के लिये यथेष्ट हैं।"
8. "यदि कौसिंल मेरा प्रस्तावित अर्थ स्वीकार करे तो किसी नये कानून की आवश्यकता नहीं है वरना मैं एक छोटे कानून द्वारा 1813 के आज्ञापत्र के उस वाक्यांश को रद्द करने का प्रस्ताव करूँगा।"

9. ***शिक्षा समिति से त्यागपत्र का प्रस्ताव*** – "यदि जैसा कि मेरा अनुमान है, मेरे विचारों की पुष्टि समिति द्वारा की जाएगी, तो मैं समझूँगा कि मैंने अपना उत्तरदायित्व उत्साह तथा तत्परता से निभाया है। इसके विपरीत यदि मेरे विचारों की मान्यता नहीं है, तो मुझे समिति से त्यागपत्र देने की अनुमति प्रदान की जाए।"

लॉर्ड विलियम बैंटिक की स्वीकृति (Acceptance of Macaulay's Minute's by Lord William Bentinck 1935)

7 मार्च 1935 को लॉर्ड विलियम बैंटिक ने सरकारी नीति स्थिर करते हुए घोषणा की–"ब्रिटिश सरकार का महान् उद्देश्य है कि इस देश में यूरोपीय साहित्य तथा विज्ञानों की उन्नति हो, और शिक्षा पर होने वाला समस्त व्यय अंग्रेजी शिक्षा पर ही करना उसका श्रेष्ठतम उपयोग होगा।"

मैकॉले के विवरण पत्र की समीक्षा (Critical Devised of Macaulay's Minute)

मैकॉले के अपने विचार

लॉर्ड मैकॉले ने 1836 में अपने पिता को लिखा था, "हमारे अंग्रेजी शिक्षालय आश्चर्यजनक गति से बढ़ रहे हैं। स्कूलों में सभी विद्यार्थियों को स्थान देना कठिन है.... हिन्दुओं पर इस शिक्षा का बड़ा प्रभाव पड़ता है। जितने हिन्दू यह शिक्षा प्राप्त करते हैं, उनका अपने धर्म से सच्चा लगाव नहीं रह जाता। कुछ नीतिवश उसे मानते रहते हैं...... अन्य बहुतेरे ईसाई हो जाते हैं। मेरा दृढ़ विश्वास है कि यदि हमारी शिक्षानीति चलती रही तो तीस वर्ष बाद बंगाल के सम्मानित वर्गों में एक भी मूर्तिपूजक न रह जायेगा, और यह बिना धर्म-प्रचार के केवल ज्ञान और विचार से हो जायेगा। मैं इस संभावना से प्रसन्न हूँ।"

मैकॉले की आलोचना (Criticism of Macaulay)

मैकॉले की अति आलोचना की गई है। उसने भारतीय साहित्य की प्रगति पर अंकुश लगा दिया और ऐसे वर्ग का निर्माण करना चाहा जो पसन्द, विचार, आचरण एवं विद्वता में अंग्रेज हो। इस प्रकार पाश्चात्य सभ्यता तथा संस्कृति के उपासक-वर्ग का निर्माण करके वह भारतीयों में फूट का बीजारोपण करना चाहता

था। मैकॉले ने प्रान्तीय भाषाओं के बढ़ने का अवसर नहीं दिया। मैकॉले द्वारा चलाई गई शिक्षा प्रणाली ने भारत में दफ्तर में काम करने वाले बाबूओं का निर्माण किया। मैकॉले द्वारा चलाई गई शिक्षा प्रणाली ने भारतीय सांस्कृतिक धरोहर की अवहेलना की। मैकॉले द्वारा चलाई गई शिक्षा प्रणाली के परिणामस्वरूप भारत में बेरोजगारी की संख्या प्रतिदिन बढ़ती गई। आज भी भारत इस प्रणाली के दोषों से छुटकारा नहीं पा सका है।

संक्षेप में मैकॉले के सुझाव पर निर्मित शिक्षा प्रणाली के निम्न दोष उभर कर सामने आए हैं।

1. विदेशी भाषा को भारत पर थोंपना।
2. विदेशी सभ्यता को भारत पर थोंपना।
3. विदेशी साहित्य को भारत पर थोंपना।
4. भारतीय संस्कृति की अवहेलना करना।
5. भारतीय साहित्य की अवहेलना करना।
6. भारतीय धर्म की अवहेलना करना।
7. पाश्चात्य शिक्षा तथा भाषा द्वारा भारत में शिक्षक वर्ग तथा जनसाधारण के बीच खाई उत्पन्न करना।
8. भारत में ऐसा शिक्षित वर्ग तैयार करना जो अंग्रेजी शासन को दृढ़ करे।

मैकॉले विवरण पत्र के समर्थक
(Supporter of Macaulay's Minute)

मैकॉले भारतीय शिक्षा के पथ-प्रदर्शक

कुछ विचारक मैकॉले को भारतीय शिक्षा का पथ-प्रदर्शक मानते हैं। उनका विचार है कि अंग्रेजी शिक्षा द्वारा भारतीय पाश्चात्य देश्रों के समानता, स्वतन्त्रता एवं बन्धुत्व के सिद्धान्तों से परिचित हुए और उन्होंने राजनैतिक संघर्ष प्रारम्भ करके भारत को दासता की बेड़ियों से मुक्त किया। परन्तु यह मानने के लिए यथेष्ट प्रमाण नहीं है कि मैकॉले की नीति के कारण ही राष्ट्रीयता और एकता का भारत में विकास हुआ और उसके बिना भारत स्वतन्त्र नहीं होता। जापान, चीन, फ्रांस, जर्मनी तथा रुस जैसे देशों ने बिना किसी विदेशी भाषा के माध्यम से प्रगति की तथा राष्ट्रीयता के मूल्यों को अपनाया। उनकी अपनी भाषा द्वारा ही उन्नति हुई। फिर भी इस बात से भी इन्कार नहीं किया जा सकता कि मैकॉले की शिक्षा नीति ने भारत पर निम्नलिखित अच्छे प्रभाव डाले–

1. भारत के लिए विस्तृत ज्ञान-विज्ञान के द्वारा खोलना।
2. भारत की आधुनिक शिक्षा संरचना का शिलान्यास रखना।
3. भारत में राजनैतिक जागृति उत्पन्न करना।

मैकॉले का संक्षिप्त जीवन चरित्र

थॉमस बेबिंगटन मैकॉले (Thomas Babington Macaulay) का जन्म 25 अक्तूबर, 1800 को राथले-टेटपल लीसेस्टर रॉयल (इंग्लैण्ड) में हुआ था। इंग्लैण्ड के एक प्रख्यात पब्लिक स्कूल में शिक्षा प्राप्त करने के पश्चात् 1818 में मैकॉले ने ट्रिनिटी कॉलेज, कैम्ब्रिज में प्रवेश किया। मैकॉले एक प्रतिभाशाली छात्र माने जाते थे। मैकॉले ने साहित्यिक कार्य में ख्याति प्राप्त की। 1830 में चुनाव जीत कर ब्रिटिश संसद में प्रवेश किया। वे उच्च कोटि के वक्ता थे।

1834 में वे भारत की सर्वोच्च परिषद् (Supreme Council of India) के कानूनी सलाहकार बने। बंगाल के गवर्नर जनरल की कार्यकारिणी के सदस्य बने। गवर्नर जनरल द्वारा गठित शिक्षा समिति के अध्यक्ष बने।

गवर्नर जनरल विलियम बैंटिक की विज्ञप्ति
(Governor General William Bentinck's Proclamation)

भारत के गवर्नर जनरल विलियम बैंटिक (1828-35) ने 7 मार्च सन् 1835 को मैकॉले के विचारों का समर्थन करते हुए विज्ञप्ति जारी की तथा निम्नलिखित आदेश दिए-

1. "गवर्नर जनरल इन काउन्सिल' का मत है कि भारतीय लोगों में पाश्चात्य साहित्य एवं विज्ञान का प्रसार करना-यही ब्रिटिश सरकार का बड़ा उद्देश्य होना चाहिए। अत: शिक्षा पर जो कुछ भी निधि खर्च की जानी है, वह अंग्रेजी शिक्षा पर ही खर्च करना अधिक उपयोगी होगा।"
2. 'गवर्नर जनरल इन काउन्सिल' का यह अभिप्राय: नहीं है कि जो भी संस्कृत भाषा की शिक्षा देने वाली संस्थाएँ चालू हों उन्हें बन्द कर दिया जाए..... अत: आदेश दिया जाता है कि इस प्रकार की संस्थाओं को जो कुछ भी सरकार की ओर से सहायता मिल रही हो. उसे आगे चालू रखा जाए। परन्तु भविष्य में इन संस्थाओं में प्रवेश पाने वाले किसी भी विद्यार्थी को कोई छात्रवृत्ति न दी जाए और यदि कोई शिक्षक का स्थान

ऐसी संस्थाओं में रिक्त होता है तो उसे भरने के पूर्व सरकार को कक्षा में छात्र-संख्या तथा स्थिति सम्बन्धी एक विवरण प्रस्तुत किया जाए।

3. पूर्वी साहित्य की पुस्तकों के मुद्रण पर अधिक राशि न खर्च की जाए।
4. बची हुई निधि को अंग्रेजी माध्यम द्वारा दी जाने वाली शिक्षा पर खर्च किया जाए।

इस प्रकार बैंटिक ने भारत में अंग्रेजी शिक्षा की नींव को स्थायी रूप प्रदान किया।

शिक्षा के निस्पन्दन अथवा छनने का सिद्धान्त तथा लॉर्ड ऑकलैण्ड (1839)

(Filteration Theory of Education and Lord Auckland—1839)

शिक्षा में निस्पन्दन सिद्धान्त का अर्थ

इस सिद्धान्त को इस प्रकार व्यक्त किया गया है, "शिक्षा ऊपर से प्रवेश करके, जनसाधारण तक पहुँचती थी। लाभप्रद ज्ञान, भारत के सर्वोच्च वर्ग से बूंद-बूंद करके नीचे टपकता था।"

इंगलिश ईस्ट इण्डिया कम्पनी व्यापारियों की कम्पनी थी। उसने व्यापार को बढ़ावा देने के साथ-साथ भारत पर अपना अधिकार भी जमा लिया था। कम्पनी भारतीयों की शिक्षा पर कम से कम खर्च करना चाहती थी। अत: उसने यह सिद्धान्त प्रतिपादित किया कि शिक्षा का नियोजन केवल उच्च वर्ग के लिए किया जाए। इन वर्गों से 'छनछन' कर शिक्षा स्वत: निम्न वर्गों तक पहुँच जाएगी।

निस्पन्दन के पक्ष में तर्क

कम्पनी के समर्थक इस सिद्धान्त के पक्ष में निम्नलिखित तर्क देते थे–

1. ईसाई मिशनरियों का विचार था कि यदि भारत के उच्च वर्ग के हिन्दुओं को अंग्रेजी शिक्षा देकर ईसाई धर्म का अवलम्बी बना लिया जाएगा तो उन के उदाहरण से प्रभावित होकर निम्न वर्ग के लोग स्वयं ही ईसाई धर्म को स्वीकार कर लेंगे।
2. व्यवसाय तथा सरकार चलाने के लिए कम्पनी को विभिन्न प्रकार के कर्मचारियों की आवश्यकता थी। इस कारण शिक्षित व्यक्ति अपेक्षित थे। अत: कम्पनी उच्च वर्गों को शिक्षा देना लाभदायक मानती थी।

3. जन-साधारण को शिक्षित करने के लिए कम्पनी के पास पर्याप्त निधि नहीं थी।
4. अंग्रेजी माध्यम से ब्रिटिश शिक्षा पद्धति में शिक्षा प्राप्त करने वाले को सरकारी नौकरी में अच्छे पद मिलेंगे और स्वाभाविक है कि फिर वे जनता को सरकारी शासन के विरूद्ध जाने से रोकने में अपने प्रभाव का प्रयोग करेंगे।
5. अंग्रेजी के माध्यम से शिक्षित उच्च वर्ग अंग्रेजी रहन-सहन अपनाएंगे और फिर निम्न वर्ग के लोगों को प्रभावित करेंगे।
6. कुछ लोगों को शिक्षित कर देने के बाद जन-सामान्य को शिक्षित करने का उत्तरदायित्व उन पर छोड़ा जा सकता है।

निस्पन्दन सिद्धान्त के प्रमुख समर्थक

फ्रांसिस वार्डन ने 23 दिसम्बर, सन् 1823 के अपने "विवरण पत्र" में इस प्रकार विचार व्यक्त किए-"बहुत-से व्यक्तियों को थोड़ा-सा ज्ञान देने के बजाय थोड़े से व्यक्तियों को बहुत-सा ज्ञान देना अधिक उत्तम और निरापद है।"

कम्पनी के संचालकों ने 29 सितम्बर, सन् 1830 के अपने "आदेश-पत्र" में मद्रास के गवर्नर को यह सलाह दी-"शिक्षा की प्रगति उसी समय हो सकती है, जब उच्च वर्ग के उन व्यक्तियों को शिक्षा दी जाए, जिनके पास अवकाश है और जिनका अपने देश के निवासियों पर प्रभाव है।"

मैकॉले ने अपने सन् 1835 के "विवरण पत्र" में "निस्पन्दन-सिद्धान्त" का समर्थन इस प्रकार किया-हमें इस समय एक ऐसे वर्ग का निर्माण करने का पूरा-पूरा प्रयत्न करना चाहिए, जो हमारे और उन लोगों के बीच में दुभाषिए का काम करे, जिन पर हम शासन करते हैं।

लॉर्ड ऑकलैण्ड (1836-1842) की स्वीकृति

भारत के तत्कालीन गवर्नर जनरल, लॉर्ड ऑकलैंड ने "निस्पन्दन-सिद्धान्त" को शिक्षा की सरकारी नीति के रूप में स्वीकार किया और 24 नवम्बर, सन् 1839 के अपने "विवरण पत्र" द्वारा अग्रांकित घोषणा की-"सरकार के प्रयास, समाज के उन उच्च वर्गों में उच्च शिक्षा का प्रसार करने तक सीमित रहने चाहिए, जिनके पास अध्ययन के लिए अवकाश है और जिनकी संस्कृति छन-छन कर जनसाधारण तक पहुँचेगी।"

2

विलियम एडम की शिक्षा सम्बन्धी रिपोर्टें: सिफारिशें (1835-1838)

(William Adam's Reports on Education: Recommendations)

विलियम एडम का संक्षिप्त जीवनवृत

(Brief Life Sketch of William Adam)

विलियम एडम (1781-1868) स्कॉटलैण्ड का निवासी था जो भारत में 1818 में धर्म प्रचार-हेतु भारतवर्ष आया। 1835 में उसे ईस्ट इंडिया कम्पनी की सरकार ने देशज शिक्षा प्रणाली (परम्परागत) भारतीय शिक्षा प्रणाली के अध्ययन का कार्य सौंपा।

एडम ने बंगाल तथा बिहार की शिक्षा प्रणाली की वस्तुस्थिति पर तीन रिपोर्टें प्रस्तुत कीं–पहली रिपोर्ट 1835, दूसरी रिपोर्ट (1836) तथा तीसरी रिपोर्ट तथा संस्तुतियाँ (1838)

विलियम एडम एक सच्चे समाज सुधारक, समाज-सेवक, चिन्तक, विद्वान तथा शिक्षाविद् थे। 19 मार्च 1818 को वे भारत आए तथा लगभग 27 वर्षों तक भारत में रहे। भारत आकर उन्होंने बंगला तथा संस्कृत का अध्ययन किया। कलकत्ता में उनका परिचय राजा राममोहन राय से हुआ। राजा राममोहन ने एडम की सहायता से बाइबिल का अनुवाद बंगला में किया। परम्परा ईसाई चर्च की मान्यताओं से उनका मतभेद हो गया। उन्होंने कलकत्ता में एक अलग 'यूनिटेरियन चर्च' की स्थापना की।

एडम ने भारतीय शिक्षा व्यवस्था में बहुत रुचि ली। वे जन-साधारण की शिक्षा के पक्ष में थे तथा शिक्षा के छननी सिद्धान्त के विरूद्ध थे।

शैक्षिक सर्वेक्षण के लिए एडम की नियुक्ति

(Appointment of Adam for the Survey of Education)

भारत के तत्कालीन गवर्नर जनरल विलियम बैंटिक भी सुधारक थे। एडम ने उन्हें दो पत्र–1929 तथा 1934 में लिखे। इन पत्रों में उन्होंने कहा कि भारत में शैक्षिक सुधारों से पूर्व वास्तविक स्थिति का सर्वेक्षण किया जाना चाहिए। 20 जनवरी 1835 को बैंटिक ने एडम को बंगाल की शिक्षा स्थिति का सर्वेक्षण करने का कार्य सौंपा। एडम ने, जैसा कि ऊपर लिखा गया है, तीन रिपोर्टें दीं तथा तीसरी रिपोर्ट में शिक्षा नीति में सुधार संबंधी अपनी संस्तुतियाँ दीं।

प्रथम रिपोर्ट (1835)

प्रथम रिपोर्ट में निम्न बातों का उल्लेख था–

1. 4 करोड़ जनता के लिए एक लाख देशज प्राथमिक स्कूल थे।
2. प्रत्येक 400 व्यक्तियों के लिए एक स्कूल था।
3. ये स्कूल गाँव की चौपाल, अथवा मन्दिर अथवा किसी बड़े व्यक्ति के घर लगती थी।
4. शिक्षक अपनी उदरपूर्ति के लिए छात्रों तथा अभिभावकों पर निर्भर थे।

दूसरी रिपोर्ट (1836)

इस रिपोर्ट में राजशाही जिले के नैटोर थाने सम्बन्धी विवरण था। इस रिपोर्ट में निम्न बातों का उल्लेख किया गया–

1. नैतिक शिक्षा का अभाव था।
2. बालिकाओं की बहुत कम उपस्थिति थी।
3. मुस्लिम पाठशालाओं में अरबी, फारसी तथा बंगला पढ़ाई जाती थी।
4. नैटोर थाने में मुसलमान तथा हिन्दुओं की जनसंख्या का अनुपात 100:600 था। हिन्दुओं के 11 प्राथमिक स्कूलों में 192 छात्र थे तथा मुसलमानों के 17 प्राथमिक स्कूलों में केवल 20 छात्र थे।

एडम की तीसरी रिपोर्ट (1838)

यह रिपोर्ट बहुत महत्त्वपूर्ण थी क्योंकि यह रिपोर्ट उसकी अपनी खोज का परिणाम है तथा इसमें अनेक सुझाव हैं।

इस रिपोर्ट के दो भाग हैं। प्रथम भाग में बंगाल के 5 जिलों के सर्वेक्षण रिपोर्ट हैं तथा दूसरे भाग में सुझाव।

सर्वेक्षण के जिले थे–

1. मुर्शिदाबाद, 2. वीरभूम, 3. बर्दवान्, 4. दक्षिण बिहार, तथा 5. तिरहुत।

सर्वेक्षण रिपोर्टों की मुख्य बातें
(Important Points of Survey Reports)

1. शिक्षकों की औसत आयु लगभग 40 वर्ष थी।
2. अधिकांश शिक्षक कायस्थ जाति के थे।
3. कई स्कूलों में शिक्षक अपनी सेवाओं के लिए कुछ भी नहीं लेते थे। वे पुजारी का कार्य करते थे।
4. वेतन लेने वाले कुछ शिक्षक छात्रों को निःशुल्क शिक्षा भी देते थे।
5. शिक्षकों का वेतन लगभग 13 आने था।
6. अधिकांश स्कूलों के अपने भवन नहीं थे।
7. छात्र लगभग 6 वर्ष की आयु में स्कूल में शिक्षा आरम्भ करते तथा 16-17 वर्ष में स्कूल छोड़ देते थे।
8. ब्राह्मण तथा कायस्थ छात्रों की संख्या सबसे अधिक थी।
9. कई स्थानों पर प्रौढ़ शिक्षा के साधन भी उपलब्ध थे।

एडम द्वारा निकाले गए निष्कर्ष
(Conclusions Arrived at by Adam)

1. **शिक्षा का प्रसार**–बंगाल में कोई ऐसा गाँव नहीं है, जहाँ पर प्राथमिक स्कूल न हो।
2. **स्कूलों की संख्या**–बंगाल में लगभग एक लाख प्राथमिक स्कूल हैं।
3. **स्कूल का स्थान**–अधिकांश स्कूल घरों में थे।
4. **स्कूली शिक्षा का समय**–8 वर्ष तथा 14 वर्ष के बच्चे प्राथमिक स्कूलों में जाते थे।

5. **पाठ्यक्रम**–हिन्दू छात्र प्राय: बंगाली तथा संस्कृत भाषाएँ पढ़ते थे तथा मुस्लिम अरबी तथा फारसी।
6. **स्त्री शिक्षा**–स्त्री शिक्षा लगभग नहीं थी, स्त्री शिक्षा के 'नाम' से लोग बहुत डरते थे।
7. **सभी के लिए स्कूल**–स्कूल-प्रवेश में कोई भेदभाव न था। सभी को स्कूल में प्रवेश बिना किसी जात-पात के मिलता था।
8. **अध्यापक का वेतन**–अध्यापक की लगभग 5 रुपये मास की आय थी।

शिक्षा नीति संबंधी एडम की संस्तुतियाँ (Adams Recommendations on Education Policy)

शिक्षा नीति के आधार

एडम ने इस संदर्भ में निम्न बातों पर बल दिया–

(i) शिक्षा प्रणाली सरल हो।
(ii) शिक्षा इस प्रकार की हो जो कि जनता की भावनाओं तथा विचारों की अवहेलना न करे।
(iii) शिक्षा सस्ती हो।
(iv) शिक्षा इस प्रकार की हो जो भारतीयों को प्रेरित तथा उत्साहित कर सके।
(v) शिक्षा में शासन की भी भागेदारी रहे अर्थात् सरकार का योगदान भी।

सार्वजनिक शिक्षा के प्रसार के लिए सुझाव

ये सुझाव इस प्रकार थे–

(i) वर्तमान देशी शिक्षा संस्थाओं को बढ़ावा दिया जाए।
(ii) देशी भाषा शिक्षण को प्रोत्साहन दिया जाए।
(iii) नयी संस्थाएँ खोलने के स्थान पर देशी संस्थाओं को प्रोत्साहित किया जाए।

पाठ्य-पुस्तकें

(i) नई पाठ्य-पुस्तकें तैयार की जाएं, जिनमें पाश्चात्य ज्ञान को भारतीय विचार-प्रणाली तथा भाषा में व्यक्त किया जाए।
(ii) पाठ्य-पुस्तकें तैयार करने के लिए एक यूरोपीय-भारतीय संगठन को स्थापित किया जाए।

(iii) कक्षा की पुस्तक में अमरसिंह की कोषावली तथा चाणक्य की नीति-वाक्य भी होने चाहिए।

(iv) दूसरी पुस्तक में जीवनोपयोगी ज्ञान हो—जैसे व्यापार, कृषि, शिल्पकारी तथा यन्त्र सम्बन्धी बातें।

(v) तीसरी पुस्तक में नीति-शासन तथा कानून सम्बन्धी ज्ञान प्रस्तुत किया जाए।

(vi) चौथी पुस्तक में देश, विदेश तथा विश्व सम्बन्धी तथ्य हों।

(vii) प्रत्येक जिले में एक सरकारी अधिकारी की नियुक्ति की जाए जो देशी-भाषा तथा अंग्रेजी से परिचित हो।

शिक्षक

शिक्षकों की परीक्षा सरकार द्वारा तैयार पाठ्य-पुस्तकों के आधार पर ली जाए।

शिक्षक प्रशिक्षण स्कूल

प्रत्येक जिले में शिक्षकों के प्रशिक्षण के लिए नॉर्मल स्कूल खोले जाएं। प्रशिक्षण काल में प्रशिक्षार्थियों को भोजन, आने-जाने का खर्च दिया जाए तथा उन्हें आर्थिक भार से मुक्त किया जाए।

शिक्षा पर व्यय

ब्रिटिश संसद द्वारा भारत में शिक्षा के लिए निर्धारित राशि का आधा भाग गरीब बच्चों की देशी शिक्षा पर व्यय किया जाए।

एडम की रिपोर्टों का मूल्यांकन
(Evaluation of Adam's Reports)

एडम की तीसरी रिपोर्ट से पहले ही मैकॉले के विचारों को स्वीकृति मिल चुकी थी। मैकॉले की भाँति एडम अंग्रेजी को शिक्षा का एकमात्र माध्यम बनाने के पक्ष में नहीं था। यद्यपि एडम की संस्तुतियाँ व्यावहारिक थीं परन्तु मैकॉले के विवरण-पत्र में उनकी भूमिका पर प्रश्नचिन्ह लग गया।

कुछ विद्वानों का मत है कि यदि एडम के सुझावों को मान लिया जाता तो भारत में राष्ट्रीय शिक्षा प्रणाली में पर्याप्त सुधार होते और वह भारतीयों की आशाओं के अनुरुप होती।

3

वुड का घोषणा पत्र अथवा आज्ञापत्र (1854)
(Wood's Despatch 1854)

वुड के घोषणा पत्र की पृष्ठभूमि
(Background of Wood's Despatch)

1813 में सरकार ने भारतीय शिक्षा के सम्बन्ध में अपना प्रथम आज्ञापत्र जारी किया। इसके पश्चात् 1835 में मैकॉले की सिफारिशों के आधार पर एक दूसरा आदेश-पत्र प्रस्तुत किया गया। इसके पश्चात् शिक्षा में विकास का प्रयास लगातार चालू रहे। 1854 ई. में एक आज्ञापत्र प्रसारित किया गया। चूँकि चार्ल्स वुड उस समय ईस्ट इंडिया कम्पनी के 'बोर्ड ऑफ कंट्रोल' के प्रधान थे, अत: उन्हीं के नाम पर यह घोषणा-पत्र कहा गया।

घोषणा पत्र से मुख्य अंश
(Main Exracts from the Despatch)

1853 में कंपनी का आज्ञापत्र बदलते समय ब्रिटिश संसद ने भारतीय शिक्षा के सम्बन्ध में बहुत लोगों से परामर्श किया। अधिकांश का मत था कि अंग्रेजी शिक्षा-विकास से ब्रिटिश शासन की नींव दृढ़ होगी और जब भारतीय साम्राज्य टूटेगा तो दोनों ओर सद्भावना बनी रहेगी। इनके मत में अशिक्षितों की अपेक्षा शिक्षितों पर शासन करना अधिक आसान है, तथा शिक्षित वर्ग को युद्धप्रिय अशिक्षित वर्ग से अपनी रक्षा करने के लिये ब्रिटिश सरंक्षण की आवश्यकता होगी।

अतएव आज्ञापत्र (1853) के बाद बोर्ड ऑफ कंट्रोल के सभापति चार्ल्स वुड ने सरकारी प्रयासों को संगठित कर शिक्षा बढ़ाने के लिये अपनी योजना प्रस्तुत

की जो डायरेक्टरों ने 19 जुलाई 1854 को गवर्नर-जनरल के पास भेज दी। यही '1854 का आज्ञापत्र' (Wood's Despatch of 1854) है।

उद्देश्य

इस आज्ञापत्र के आरम्भ में ही भारतीयों की दशा सुधारने की इच्छा प्रकट करते हुए डायरेक्टरों ने लिखा था, "हमारे सामने जो अनेक महत्त्वपूर्ण समस्याएँ हैं। उनमें शिक्षा का स्थान सर्वोपरि है।"

इस प्रकार शिक्षा का महत्त्व स्वीकृत हो गया। उन्होंने शिक्षा का प्रथम और मुख्य उद्देश्य लोगों की नैतिक तथा आत्मिक उन्नति माना जो उपयोगी शिक्षा के प्रसार से ही संभव है। दूसरा उद्देश्य था सामाजिक कुरीतियों के निराकरण में भारतीयों की सहानुभूति एवं सहयोग प्राप्त करना। शासन का उद्देश्य जनता की हितसाधना मान ली गई और इसके लिये आवश्यक था कि शिक्षा द्वारा जनता की नैतिक तथा मानसिक उन्नति करके उन्हें उत्तरदायी पदों पर रखा जा सके, क्योंकि जनहित अधिकारियों की ईमानदारी तथा योग्यता पर निर्भर है। तीसरे, भारतीयों की शिक्षा से इंग्लैण्ड को आर्थिक लाभ की भी आशा थी। "जब भारतीय अपने व्यावसायिक संगठन द्वारा अपने आर्थिक साधनों की उन्नति करेंगे तो भारतीयों को तो लाभ होगा ही, साथ ही हमें ऐसा माल मिल सकेगा जिसको हमारी जनता तथा उत्पादकों को आवश्यकता है और हमारे मजदूरों के बनाये माल की भारत में उत्तरोत्तर माँग बढ़ होगी।"

इस प्रकार भारतीय शिक्षा ब्रिटेन के आर्थिक हितसाधन का भी अंग बन गई।

शिक्षा का स्वरूप

"हम घोषणा करते हैं कि हम भारत में जिस शिक्षा का प्रसार करना चाहते हैं उसका उद्देश्य है–उन्नत कलाओं, विज्ञान, दर्शन, तथा यूरोपीय साहित्य का प्रसार; संक्षेप में यूरोपीय विद्या। पूर्वीय दर्शन तथा विज्ञान में बड़ी अशुद्धियाँ हैं। पूर्वी साहित्य में आधुनिक अनुसंधानों की कमी है। उससे हमारा उद्देश्य सिद्ध होगा। फिर भी हम विशेष विद्यालयों में संस्कृत, अरबी तथा फारसी साहित्य को पढ़ने की सुविधाएँ कम नहीं करना चाहते हैं।"

"हमें अत्यन्त संतोषजनक प्रमाण मिले हैं कि पिछले कुछ वर्षों में भारतीयों ने अंग्रेजी साहित्य तथा यूरोपीय विज्ञानों में उच्चकोटि की योग्यता प्राप्त की है। किंतु ऐसी योग्यता बहुत ही थोड़े लोगों तक सीमित है। अतः हमारी इच्छा है कि साधारण यूरोपीय ज्ञान प्राप्त करने के साधन भी बढ़ें। चाहे वह ज्ञान निम्नस्तर का

ही हो परन्तु ऐसा अवश्य हो जो भारतीयों के लिए क्रियात्मक रूप से उपयोगी हो।"

शिक्षा का माध्यम

"प्रांतीय भाषाओं में यूरोपीय ज्ञान की पुस्तकों की कमी है। अतः उच्च ज्ञान के इच्छुकों को अंग्रेजी भाषा में निपुणता प्राप्त करनी होती है जो उक्त ज्ञान की कुंजी है। जो भारतीय उच्च शिक्षा चाहेंगे उनके लिये अंग्रेजी का ज्ञान सदा अनिवार्य रहेगा।"

"प्रांतीय भाषाओं के स्थान पर अंग्रेजी को स्थान देना न तो हमारा उद्देश्य है और न हमारी इच्छा। इन भाषाओं के द्वारा ही यूरोपीय ज्ञान जनसाधारण तक पहुँच सकता है।" "जनसाधारण की शिक्षा-योजना में अंग्रेजी वहीं पढ़ाई जाए जहाँ उसकी माँग हो किंतु उसके साथ ही प्रांतीय भाषा द्वारा साधारण ज्ञान दिया जाए।"

"इस कार्य का सफल संपादन अंग्रेजी-पढ़े (भारतीय) अध्यापकों तथा प्रोफेसरों द्वारा संभव है, जिनकी अंग्रेजी द्वारा यूरोपीय ज्ञान तक पहुँच हो और जो अपने देशवासियों को वह ज्ञान मातृभाषा में पढ़ा सकें। धीरे-धीरे यूरोपीय प्रगति से अवगत लोगों की पुस्तकों तथा अनुवादों से प्रांतीय भाषा-साहित्य भर जायेगा और इस प्रकार यूरोपीय ज्ञान जनसाधारण की पहुँच में आ जायेगा। हम यूरोपीय ज्ञान के प्रसार-हेतु प्रांतीय भाषा तथा अंग्रेजी दोनों को एक-साथ माध्यम बनाने और भारत के प्रत्येक विद्यालय में साथ-साथ पढ़ाने के इच्छुक हैं।"

शिक्षा-विभाग तथा निरीक्षण

"अब हम उन साधनों पर आते हैं जिन्हें हम शिक्षा के निर्देशन व निरीक्षण के लिये उपयोग करना चाहते हैं। हमने प्रत्येक प्रेसीडेंसी व प्रांत में शिक्षा-विभाग बनाने का संकल्प किया है।......अब तक यह कार्य शिक्षा-बोर्ड या शिक्षा-समिति करती आ रही है जिनमें कुछ यूरोपीय तथा भारतीय महानुभाव थे। उन्होंने यह कार्यभार शिक्षा तथा सभ्यता की उन्नति के लिये ले रखा था और यही उनका पारिश्रमिक था।.... .किंतु अब हमने अपने प्रयत्नों को इतना बढ़ा दिया है, तो हमारी राय है कि हम शिक्षा के निरीक्षण एवं निर्देशन के कार्य का सुसंगठित आधार पर लावें.....।"

शिक्षा निदेशक

हम यह प्रस्ताव करते हैं कि प्रत्येक प्रांत में एक ऐसा ऑफिसर नियत हो जो शिक्षा-सम्बन्धी सभी व्यवस्थाओं को सँभाले एवं सरकार के प्रति उत्तरदायी हो।

और हमारी इच्छा है कि यथेष्ट संख्या में योग्य निरीक्षक नियुक्त किये जायें। ये सरकारी तथा सहायता-प्राप्त शिक्षालयों की रिपोर्ट समय-समय पर भेजते रहेंगे। ये इन संस्थाओं की परीक्षाओं का संचालन करेंगे या इस कार्य में उनकी सहायता करेंगे और शिक्षकों को हर प्रकार के स्कूल तथा कॉलेज चलाने में परामर्श देते रहेंगे।

"भविष्य में यथेष्ट निरीक्षण हमारी शिक्षा-पद्धति का अभिन्न अंग होगा।"

विश्वविद्यालय

भारतीयों में उदारशिक्षा की तीव्र प्रगति सरकारी छात्रवृत्ति पाने में उनकी कुशलता, मैडिकल कॉलेजों की सफलता तथा यूरोपीय और एंग्लो-इंडियनों की बढ़ती जनसंख्या से हम इस परिणाम पर पहुँचे हैं कि भारतवर्ष में विश्वविद्यालय स्थापित होने का समय आ गया है जो कला तथा विज्ञान की विभिन्न शाखाओं में प्राप्त योग्यता के प्रमाणस्वरूप डिग्रियाँ प्रदान कर नियमित तथा उदार शिक्षा को प्रोत्साहित करे,.......शिक्षा-कौंसिल ने लंदन विश्वविद्यालय को आदर्श मानने का प्रस्ताव किया था, हम उससे सहमत हैं।

"इस हेतु विश्वविद्यालयों में कुलपति, उपकुलपति तथा फेलो होंगे। इन सबको मिलाकर सेनेट बनेगा। सेनेट नियम बनाएगा जो तुम (गवर्नर-जनरल) स्वीकृत करोगे। विश्वविद्यालय के आय-व्यय की देखरेख भी सेनेट करेगा। वही कला एवं विज्ञान की विभिन्न शाखाओं के लिये परीक्षक नियुक्त कर परीक्षाओं का आयोजन करेगा। विश्वविद्यालय अपने अन्तर्गत कॉलेजों के उन विद्यार्थियों को डिग्री प्रदान करेगा जो उपर्युक्त परीक्षाओं में सफल होंगे।......डिग्री परीक्षाओं में धार्मिक विषय नहीं होंगे.....जिन विषयों की पढ़ाई का प्रबन्ध कॉलेजों में न होगा उनके लिये विश्वविद्यालय प्रोफेसर नियत करेंगे यथा विधि। ....सिविल इंजीनियरिंग के प्रोफेसर भी विश्वविद्यालयों में नियत किये जा सकते हैं, और सिविल इंजीनियरिंग की डिग्रियाँ भी योजना में सम्मिलित की जा सकती हैं।"

जनसाधारण की शिक्षा

"इस प्रकार हम भारतीय उच्चवर्ग के समक्ष शिक्षा से होने वाले लाभों को उतने स्पष्ट एवं व्यावहारिक रूप में रख चुकेंगे जितना कोई भी सरकार कर सकती है। अब हमारा ध्यान उस पर जाना चाहिए जो इससे भी कहीं अधिक महत्त्वपूर्ण है और जिस पर अभी तक बिल्कुल ध्यान नहीं दिया गया है। यह विषय है कि जनसाधारण, जो केवल अपने प्रयासों से उपयोगी शिक्षा जुटाने में

असमर्थ है, उन्हें जीवन की विभिन्न परिस्थितियों के लिये उपयोगी शिक्षा कैसे दी जाए। हमारी इच्छा है कि भविष्य में सरकार की योजनाएँ इधर अधिक सक्रिय हों, जिसके लिए हम अधिकाधिक व्यय स्वीकार करने को तैयार हैं।

सहायक अनुदान प्रथा (Grant-Aid Practice)

"यह विचार करें कि सरकार स्वयं अकेले भारतीयों की शिक्षा के साधन जुटाने में असमर्थ है और उसने उन लोगों को अभी तक प्रोत्साहित नहीं किया है जो स्वेच्छा से शिक्षा के लिये सहायता दे सकते हैं, हम इस निष्कर्ष पर पहुँचे हैं कि सरकारी प्रयासों के साथ शिक्षित एवं धनिक वर्ग के प्रयास को जोड़ दिया जाए। अतः हमारे भारतवर्ष में सहायक अनुदान-प्रथा अपनाने का निश्चय किया है। स्कूलों को अनुदान धार्मिक शिक्षा में हस्तक्षेप न करने के आधार पर मिलेगा। अच्छी लौकिक शिक्षा देने वाले सभी विद्यालयों को सहायता मिलेगी यदि वे स्थानीय प्रबन्ध चलाते हों। स्थानीय प्रबन्ध (Local Management) से तात्पर्य एक या अधिक व्यक्तियों से है जो स्कूलों की देखभाल करें, उसके स्थायित्व के लिये उत्तरदायी हों, जिनके मैनेजर स्कूलों के सरकारी निरीक्षण तथा अनुदान-सम्बन्धी नियमों को स्वीकार कर लें।.... ..हमारी इच्छा यह है कि सहायता उन्हीं स्कूलों को मिले जो थोड़ी फीस लेते हों।

"इस सहायक अनुदान-प्रथा को अंग्रेजी माध्यम वाले स्कूलों में लागू करने में कोई कठिनाई न होगी। साथ ही इस प्रथा में उन सभी वर्नाक्युलर तथा एंग्लो वर्नाक्यूलर स्कूलों को भी सहायता मिलेगी जो अच्छी प्रारंभिक शिक्षा देते हों।"

"उन जिलों में सरकारी स्कूल तथा कॉलेज न खोले जाएँ जहाँ ऐसे स्कूल यथेष्ट संख्या में वर्तमान हैं जो सरकारी अनुदान द्वारा स्थानीय शिक्षा-सम्बन्धी आवश्यकताओं को पूरा कर सकते हैं। हम उस दिन की प्रतीक्षा करेंगे जब सरकारी स्कूलों में बिना भय (शिक्षा कम होने का भय) बन्द किया जा सके अथवा अनुदान-प्राप्त संस्थाओं को हस्तांतरित किया जा सके।"

अध्यापकों का प्रशिक्षण

"हमारी इच्छा है कि प्रत्येक प्रेसीडेंसी में प्रशिक्षण-कक्षाएँ तथा प्रशिक्षण संस्थाएँ स्थापित हों।"

प्रांतीय भाषाओं में साहित्य

"देशी भाषाओं में यूरोपीय ज्ञान-सम्बन्धी साहित्य प्रस्तुत करना अध्यापकों के प्रशिक्षण के समान ही महत्त्वपूर्ण है।"

स्त्री-शिक्षा

"भारतवर्ष में स्त्री शिक्षा का अत्यधिक महत्त्व है। हम गवर्नर-जनरल की इस घोषणा से पूर्णतया सहमत हैं कि भारतीय स्त्री-शिक्षा को सरकार की स्पष्ट तथा मैत्रीपूर्ण सहायता मिलनी चाहिए।"

घोषणा पत्र की प्रमुख सिफारिशें (Main Recommendations of Wood's Despatch)

शिक्षा के उद्देश्य

आदेश-पत्र के अनुसार भारतीय शिक्षा के निम्नलिखित पांच उद्देश्य थे–

(i) शिक्षा द्वारा भारतीय की मानसिक तथा चारित्रिक उन्नति करना।
(ii) भारतीयों को पाश्चात्य ज्ञान से अवगत कराना।
(iii) भारतीयों को राजपदों के लिए तैय्यार करना।
(iv) भारतीयों की भौतिक समृद्धि करना।
(v) इंग्लैंड की भौतिक समृद्धि में सहायता देना।

पाठ्यक्रम

पाश्चात्य साहित्य एवं विज्ञान का अध्ययन ही भारतीयों के लिए उपयुक्त समझा गया यद्यपि संस्कृत, अरबी एवं फारसी की उपयोगिता स्वीकार कर ली गई।

शिक्षा का माध्यम

यूरोपीय ज्ञान के लिए अंग्रेजी भाषा को स्वीकार किया गया। अन्य के लिए शिक्षा का माध्यम देशी भाषाएँ रहीं। इस प्रकार अंग्रेजी तथा देशी भाषाओं को शिक्षा का माध्यम माना गया।

लोक शिक्षा विभाग

भारत के प्रत्येक प्रान्त में एक लोक शिक्षा विभाग स्थापित करने का आदेश दिया गया जिसका सर्वोच्च अधिकारी लोक-शिक्षा संचालक हो।

विश्वविद्यालय

घोषणा पत्र में कहा गया कि उच्च शिक्षा प्रदान करने के लिए कलकत्ता, बंबई और यदि आवश्यकता हो, तो मद्रास तथा अन्य स्थानों पर विश्वविद्यालय

स्थापित किए जाएँ। इन विश्वविद्यालयों का निर्माण लंदन विश्वविद्यालय को आदर्श मानकर किया जाए। विश्वविद्यालय अपने से सम्बद्ध कॉलेजों के विद्यार्थियों की परीक्षा लेगा एवं उपाधियाँ प्रदान करेगा।

क्रमबद्ध विद्यालयों की स्थापना

शिक्षा के ढाँचे में शिक्षा संस्थाओं का क्रम इस प्रकार रखा गया–

(i) देशी प्राथमिक विद्यालय,

(ii) मिडिल विद्यालय,

(iii) हाई स्कूल,

(iv) कॉलेज,

(v) विश्वविद्यालय।

जनसमूह की शिक्षा

यह मान लिया गया कि जीवन के सर्वांगीण विकास के लिए शिक्षा सब के लिए हो न कि किसी विशेष वर्ग के लिए। यह सिफारिश भी की गई कि निर्धन किन्तु योग्य विद्यार्थियों को शिक्षा के सभी स्तरों पर छात्रवृत्तियाँ दी जाएँ जिससे वे शिक्षा प्राप्त करने से वंचित न रह सकें।

अनुदान व्यवस्था

बिना पर्याप्त धन के शिक्षा-सम्बन्धी समस्त कार्य सम्भव न थे। अतः अनुदान प्रणाली का सहारा लिया गया। सरकार की ओर से अनुदान स्कूल भवन, पुस्तकालय तथा छात्रवृत्तियाँ एवं अध्यापकों के वेतन आदि के लिए। यह अनुदान केवल धर्मनिरपेक्ष संस्थाओं को देने की घोषणा की गई।

अध्यापकों का प्रशिक्षण

इस बात पर बल दिया गया कि भारत में शिक्षा की दशा सुधारने के लिए आवश्यक है कि अध्यापकों के प्रशिक्षण का प्रबन्ध किया जाए। यह आशा भी व्यक्त की गई कि प्रशिक्षण काल में छात्रों को छात्रवृत्तियाँ दी जाएँ तथा शिक्षकों का वेतन बढ़ा दिया जाए।

स्त्री-शिक्षा

नारी शिक्षा के लिए स्कूलों को अनुदान दिया जाए।

व्यावसायिक शिक्षा

व्यावसायिक विद्यालयों की स्थापना की सिफारिश की गई।

भारतीय भाषाओं को प्रोत्साहन

यह सुझाव दिया गया कि देशी भाषाओं में पुस्तकें लिखवाई जाएँ तथा पाश्चात्य साहित्य एवं विज्ञान की पुस्तकों का भारतीय भाषाओं में अनुवाद कराया जाए।

शिक्षा और रोजगार

यह बात स्पष्ट कर दी गई कि नौकरियाँ देते समय व्यक्तियों की शिक्षा पर विशेष रूप से ध्यान दिया जाए और उन व्यक्तियों को प्राथमिकता दी जाए जिनकी शिक्षा-योग्यता अन्य व्यक्तियों से अधिक हो।

10.4 वुड के आज्ञा पत्र का मूल्यांकन (Evaluation of Wood's Despatch)

घोषणा पत्र के गुण

1. *जेम्स (James) के अनुसार* – "1854 के घोषणा पत्र का भारतीय शिक्षा के इतिहास में सर्वोत्कृष्ट स्थान है। जो कुछ इसके पूर्व हुआ, वह इसकी ओर संकेत करता है और जो कुछ इसके बाद हुआ वह इसकी ओर संकेत करता है और जो कुछ इसके बाद हुआ वह इससे निकला है। जेम्स ने इसे भारत में अंग्रेजी शिक्षा का महाधिकार पत्र (Magna Carta of English Education in India) कहा।"
2. *ए.एन. बसु (A.N. Basu)* – "इस आदेश-पत्र को भारतीय शिक्षा का शिलाधार कहा जाता है। यह कहा जाता है कि इसने हमारी आधुनिक शिक्षा प्रणाली का शिलान्यास रखा।"
3. *हैम्प्टन (Hampton)* – "सन् 1854 का आदेश-पत्र एक युग का, शिक्षा का महान् अग्रदूतों के युग का अन्त करता है।
4. *लॉर्ड डलहौजी (Lord Dalhousie) के मतानुसार* – 'आदेश-पत्र' में सम्पूर्ण भारत की शिक्षा के लिए एक योजना थी। इस प्रकार की व्यापक एवं विस्तृत योजना की रूपरेखा प्रान्तीय अथवा केन्द्रीय सरकार द्वारा कदापि प्रस्तुत नहीं की जा सकती थी।

5. 'आदेश-पत्र' ने भारतीय शिक्षा के उद्देश्य का स्पष्टीकरण किया और इस प्रकार शिक्षा को एक निश्चित मार्ग की ओर अग्रसर किया।
6. 'आदेश-पत्र' के द्वारा कम्पनी ने अधिकृत रूप से मान लिया कि जनसाधारण को शिक्षा देना सरकार का प्रमुख कर्त्तव्य है।
7. 'आदेश-पत्र' ने प्रथम बार शिक्षा-योजना की रूपरेखा प्रस्तुत की, जिसमें प्राथमिक शिक्षा से लेकर विश्वविद्यालय तक की शिक्षा को स्थान दिया गया।
8. 'आदेश-पत्र' ने क्रमबद्ध (Graded) विद्यालयों की स्थापना का सुझाव देकर शिक्षा-प्रसार के कार्य को सफल बनाने का प्रयास किया।
9. 'आदेश-पत्र' ने 'निस्पन्दन सिद्धान्त' को ठुकराया तथा जन-शिक्षा को मान्यता दी।
10. 'आदेश-पत्र' ने भारतीय के महत्त्व को स्वीकार किया तथा प्राच्य-भाषाओं को पाठ्यक्रम में स्थान दिया गया।
11. 'आदेश-पत्र' ने व्यावसायिक शिक्षा-संस्थाओं पर जोर देकर बेकारी की समस्या को हल करने का प्रयत्न किया।
12. 'आदेश-पत्र' ने प्राच्य-साहित्य को प्रोत्साहन देने के लिए भारतीय भाषाओं में पुस्तकें लिखवाने की व्यवस्था की।
13. 'आदेश-पत्र' ने देशी प्राथमिक विद्यालयों को प्रोत्साहित करने की ओर सरकार का ध्यान आकर्षित किया।
14. 'आदेश-पत्र' ने अंग्रेजी के साथ-साथ, देशी भाषाओं को माध्यमिक शिक्षा के माध्यम के रूप में अपनाने पर बल दिया गया।
15. 'आदेश-पत्र' ने प्रत्येक प्रान्त में सार्वजनिक शिक्षा-विभाग की स्थापना करके और उसमें शिक्षा निदेशक, निरीक्षकों आदि की नियुक्ति करके शिक्षा को राज्य के अन्तर्गत एक सुव्यवस्थित तथा सुसंगठित रूप प्रदान किया।
16. 'आदेश-पत्र' के द्वारा शिक्षा के प्रत्येक स्तर पर विद्यालयों की संख्या में पर्याप्त वृद्धि पर जोर दिया गया और विश्वविद्यालयों की स्थापना करके उच्च शिक्षा के प्रबन्ध पर भी।
17. 'आदेश-पत्र' से प्रभावित होकर ब्रिटिश संसद ने भारतीय शिक्षा की नीति निर्धारित कर दी और उसे वैधानिक रूप देने का प्रयास किया।
18. 'आदेश-पत्र' के आधार पर सरकारी नौकरियों के लिए व्यक्तियों को तैयार करने के विचार से अंग्रेजी विद्यालयों की स्थापना तीव्र गति से

होने लगी। सरकार ने उन्हीं पर शिक्षा-सम्बन्धी धन का अधिक भाग व्यय करना आरम्भ किया।

19. 'आदेश-पत्र' द्वारा स्वीकार किया गया कि स्त्री शिक्षा को प्रोत्साहित करना–सरकार का स्पष्ट कर्त्तव्य है।
20. 'आदेश-पत्र' ने निर्धन किन्तु योग्य छात्रों के लिए छात्रवृत्तियों की व्यवस्था की, जिससे कि वे सरलतापूर्वक शिक्षा प्राप्त कर सकें।
21. 'आदेश-पत्र' ने शिक्षकों के प्रशिक्षण के लिए नॉर्मल स्कूलों तथा प्रशिक्षण-विद्यालयों की स्थापना पर जोर दिया और छात्रवृत्तियाँ देकर योग्य व्यक्तियों को उनमें अध्ययन करने के लिए आकर्षित करने की संस्तुति की।
22. 'आदेश-पत्र' द्वारा शिक्षकों की अधिक वेतन की सिफारिश की गई, और इस प्रकार शिक्षा-विभाग की नौकरियों को आकर्षक बनाया गया।
23. 'आदेश-पत्र' ने सब प्रकार के स्कूलों के लिए सहायता अनुदान की प्रणाली प्रचलित की, जिससे शिक्षा के विस्तार की गति तीव्र होने की संभावना बढ़ गई।
24. 'आदेश-पत्र' ने यह बात स्पष्ट कर दी कि सरकारी नौकरियों में शिक्षित व्यक्तियों को प्राथमिकता दी जाएगी। फलस्वरूप जनसाधारण की शिक्षा में अधिक रुचि होने लगी।

आज्ञापत्र के दोष अथवा कमियाँ

1. शिक्षा का माध्यम, अंग्रेजी हो जाने से भारतीय छात्रों को विभिन्न विषयों का समुचित ज्ञान प्राप्त करने में कठिनाई का अनुभव होने लगा। अत: छात्रों ने सरल उपाय खोज निकाले। वे बिना समझे विषय-वस्तु को रटने लगे। साथ ही, उन्हें इस कार्य में सहायता देने के लिए बाजार में पुस्तकों की टीकाओं तथा कुञ्जियों की बाढ़ आ गई। इन सब का छात्रों की स्वतन्त्र विचार-शक्ति पर अति दूषित प्रभाव पड़ा।
2. शिक्षा की नई प्रणाली में परीक्षाओं का स्थान सर्वोपरि हो गया। छात्रों का ध्येय–ज्ञान-प्राप्ति न रहकर, परीक्षा पास करना हो गया।
3. 'आदेश-पत्र' के द्वारा सहायता-अनुदान केवल उन्हीं स्कूलों को मिल सकता था, जो अपना आधा व्यय वहन करें। इस व्यय के लिए अंग्रेजी शिक्षा देने वाले स्कूलों को अनुदान प्राप्त हो जाता था, पर देशी शिक्षा-संस्थाओं को नहीं मिलता था।

4. 'आदेश-पत्र' ने शिक्षा को पूर्णत: राज्य के अधीन कर दिया।
5. 'आदेश-पत्र' द्वारा माध्यमिक तथा उच्च शिक्षा का माध्यम अंग्रेजी बना दिया गया, जिससे प्राच्य भाषाओं का शिक्षण में वह स्थान न रहा, जो पहले था।
6. 'आदेश-पत्र' ने प्राच्य साहित्य और देशी भाषाओं को संरक्षण तो दिया, पर अंग्रेजी को अधिक महत्त्व देकर उनकी प्रगति पर रोक लगा दी।
7. हिन्दू एवं मुस्लिम शिक्षा-पद्धतियों में धर्म का प्रमुख स्थान था। 'आदेश-पत्र' ने धर्म को शिक्षा से अलग कर दिया। इस प्रकार शिक्षा में भारतीय धर्म को स्थान न देकर इस प्रकार शिक्षा को पूर्ण रूप से लौकिक बना दिया। फलस्वरूप भारतीयों ने अध्यात्मवाद पर कम ध्यान देना शुरू कर दिया।
8. 'आदेश-पत्र' द्वारा संस्कृत, अरबी और फारसी की उपादेयता को तो स्वीकार कर लिया परन्तु शिक्षा का उद्देश्य-पाश्चात्य ज्ञान का प्रसार बताकर अप्रत्यक्ष रूप से उनके महत्त्व को कम करने का प्रयास किया।
9. 'आदेश-पत्र' ने स्पष्ट कर दिया कि केवल अंग्रेजी शिक्षित व्यक्तियों को ही राजपदों पर नियुक्त किया जाएगा। परिणामस्वरूप, देशी विद्यालयों में पढ़ने वाले छात्रों की संख्या में क्रमिक ह्रास होने लगा।
10. 'आदेश-पत्र' द्वारा शिक्षा का ढाँचा पूर्णत: विदेशी कर दिया गया।
11. 'आदेश-पत्र' में विश्वविद्यालयों की स्थापना के लिए लंदन के विश्वविद्यालय का आदर्श रखा गया। इस प्रकार, भारत के प्राचीन विश्वविद्यालय की आदर्श परम्पराओं की अवहेलना की गई।
12. 'आदेश-पत्र' द्वारा कुछ व्यावसायिक शिक्षा-संस्थाओं की स्थापना की गई। परन्तु इनसे भारतीयों का कोई विशेष हित नहीं हुआ क्योंकि इनका प्रमुख उद्देश्य-भारतीयों को नौकरी देकर राजनिष्ठ बनाना था।

आज्ञापत्र के कुछ विद्वान आलोचक

1. **डॉ. मुकर्जी**-"आदेश-पत्र ने देश की प्राचीन परम्पराओं का पता नहीं लगाया और इस बात पर लेशमात्र भी विचार नहीं किया कि भारत में शिक्षा धार्मिक संस्कार की थी।"

2. **परांज्पे** के शब्दों में, "यह घोषणा पत्र न तो भारतीयता की शिक्षा व्यवस्था करने की दिशा में प्रयास करता है और न ही राज्य को ऐसा कोई आदेश देता है कि एक निर्धारित आयु वर्ग के सभी बालकों को अनिवार्य रूप से शिक्षित करे।"

उपसंहार

भारतीय शिक्षा के इतिहास में वुड का घोषणा पत्र बेजोड़ है क्योंकि घोषणा पत्र ने भारतीय शिक्षा के उद्देश्य का स्पष्टीकरण कर दिया और इस प्रकार शिक्षा को एक निश्चित मार्ग की ओर अग्रसर किया। देश-भर में शिक्षा के संगठन का एक विस्तृत ढाँचा प्रस्तुत किया। सरकारी तथा गैर-सरकारी शिक्षा-प्रयासों को प्रतियोगी होने के स्थान पर पूरक बना दिया। सहायक अनुदान द्वारा जनता से शिक्षा के क्षेत्र में योगदान की अपील की। धार्मिक हस्तक्षेप से बचने के लिए सरकार ने धार्मिक शिक्षा स्कूलों के अनिवार्य कार्यक्रम से अलग कर दी तथा विद्यार्थियों एवं अध्यापकों की स्वेच्छा पर छोड़ दिया। अध्यापक-प्रशिक्षण, व्यावसायिक शिक्षा, स्त्री शिक्षा, प्रान्तीय भाषाओं में आधुनिकतम विषयों पर साहित्य-सृजन आदि अत्यन्त उपयोगी सुझाव दिए।

परन्तु इन सब प्रशंसनीय तत्त्वों के विपरीत इस घोषणा पत्र में अनेक कमियाँ थीं। शिक्षा के महान् उद्देश्यों की अवहेलना की गई और केवल नौकरी के लिए ही शिक्षा सीमित कर दी गई। व्यावहारिक रूप में अंग्रेजी को ही बढ़ावा दिया गया। भारतीय विश्वविद्यालयों का आदर्श लंदन विश्वविद्यालय रखा गया। शिक्षा प्रणाली भारत के औद्योगिक विकास में सहायक न बनाई गई। इसमें राष्ट्रीय शिक्षा का आधार बनने की क्षमता न थी।

इसमें सन्देह नहीं कि इस घोषणा पत्र ने सरकारी ढुलमुल शिक्षा योजना में जान फूँक दी।

वुड के आज्ञापत्र का कार्यान्वयन
(Implementation of Wood's Despatch)

1. 1855 में बंगाल, मद्रास, बुम्बई, पंजाब तथा पश्चिमोत्तर प्रान्त (उत्तर प्रदेश) में 'लोक शिक्षा विभाग' (Department of Pubic Instruction) स्थापित हुए। इसका भार निदेशक को सौंपा गया तथा उसकी सहायता के लिए इन्सपेक्टर नियुक्त हुए। यही ढाँचा आज भी चल रहा है।

2. 1857 ई. तक मद्रास तथा कलकत्ता विश्वविद्यालय भी स्थापित हो गए। ये इंजीनियरिंग, चिकित्सा, विधि तथा कलाओं (विज्ञान-सहित) में परीक्षा लेते थे।
3. उच्चतर विद्यालयों तथा कॉलेजों को अनुदान मिलने लगा, यद्यपि सरकारी शिक्षालय स्थानीय प्रबन्ध में स्थानान्तरित नहीं किये गये। 1857 ई. तक बंगाल में अध्यापक-प्रशिक्षण के लिये चार नॉर्मल स्कूल खुल गए जिनमें 238 छात्राध्यापक पढ़ रहे थे। मद्रास में एक नॉर्मल स्कूल (सैदापेट) स्थापित हुआ। पश्चिमोत्तर प्रान्त में 'बनारस नॉर्मल स्कूल' तो था ही, तीन और स्कूलों की स्वीकृति भी 1856 में मिल चुकी थी। इन नॉर्मल स्कूलों में वर्नाक्यूलर तथा एंग्लो-वर्नाक्यूलर दोनों ही प्रकार के शिक्षक तैयार होते थे।

इसके अतिरिक्त अन्य प्रगति न हो पाई क्योंकि स्वतन्त्रता का युद्ध छिड़ गया। उसके असफल होने पर 1858 में महारानी विक्टोरिया ने कम्पनी को हटाकर सीधे शासन सँभाल लिया।

4

भारतीय शिक्षा आयोग अथवा हण्टर आयोग (1882-83): संस्तुतियाँ, मूल्यांकन तथा प्रभाव

[Indian Education Commission or Hunter Commission (1882-83): Recomendations, Evaluation and Impact]

आयोग की नियुक्ति की भूमिका
(Background of the Appointment of the Commission)

1854 के घोषणा पत्र के अनुसार कोई आशाजनक प्रगति न हुई। प्राथमिक शिक्षा के लिए लगभग कुछ भी नहीं किया गया। माध्यमिक शिक्षा तथा उच्च शिक्षा के क्षेत्र में कुछ प्रगति अवश्य हुई।

इसी बीच 1857 के क्रान्ति के स्वरूप भारत में ईस्ट इंडिया कम्पनी की सत्ता समाप्त कर दी गई तथा भारत की राजसत्ता ब्रिटिश सरकार ने अपने हाथ में ले ली।

1882 में लार्ड रिपन भारत का वायसराय नियुक्त होकर भारत आया और सर विलियम हण्टर की अध्यक्षता में भारतीय शिक्षा आयोग की नियुक्ति की जिसे हण्टर कमीशन भी कहा जाता है।

आयोग की जाँच के विषय
(Terms of Reference of the Commission)

1. क्या सरकार ने उच्च एवं माध्यमिक शिक्षा पर अधिक ध्यान देकर प्राथमिक शिक्षा की अवहेलना की?

2. प्राथमिक शिक्षा की वर्तमान स्थिति क्या है और उसके सुधार एवं विकास के लिए क्या उपाय अपनाए जाने चाहिए?
3. माध्यमिक शिक्षा की वर्तमान स्थिति क्या है और उसका प्रसार तथा सुधार किन साधनों के द्वारा किया जाना चाहिए?
4. देश की शिक्षा-प्रणाली में सरकारी स्कूलों की क्या स्थिति है और भारतीय शिक्षा-प्रणाली में उनकी आवश्यकता है या नहीं?
5. देश की शिक्षा व्यवस्था में मिशन स्कूलों का क्या स्थान होना चाहिए?
6. शिक्षा के क्षेत्र में व्यक्तिगत प्रयासों के प्रति सरकार की नीति क्या होनी चाहिए?
7. "आयोग" को दो विशेष आदेश दिए गए–

"(i) इस बात की जाँच करना कि 1854 के 'आदेश-पत्र' के सिद्धान्तों को किस प्रकार क्रियान्वित किया गया है।

(ii) ऐसे उपायों का सुझाव देना, जिनको 'आयोग', 'आदेश-पत्र' में निर्धारित की गई नीति को क्रियान्वित करने के लिए उचित समझता है।"

आयोग के मुख्य सुझाव तथा सिफारिशें (Main Suggestions and Recommendations of the Commission)

आयोग ने भारतीय शिक्षा के सभी स्तरों के सभी पक्षों पर विचार किया तथा अपनी संस्तुतियाँ दीं। यहाँ पर केवल मुख्य सुझाव तथा सिफारिशें दी जा रही हैं।

शिक्षा नीति (Policy on Education)

1. सरकार को सरकारी स्कूलों की स्थापना की गति को धीरे-धीरे मन्द करके इन स्कूलों के प्रत्यक्ष उत्तरदायित्व से हट जाना चाहिए।
2. सरकार को सहायता अनुदान के नियमों को अधिक उदार बनाकर, शिक्षा के क्षेत्र में व्यक्तिगत प्रयासों को प्रोत्साहन देना चाहिए।
3. सरकार को प्राथमिक विद्यालयों का स्वयं संचालन न करके, उनका उत्तरदायित्व स्थानीय निकायों पर छोड़ देना चाहिए।
4. सरकार को माध्यमिक स्कूलों और कॉलेजों का प्रबन्ध क्रमशः कुशलतापूर्वक कार्य कराने वाली व्यक्तिगत संस्थाओं को सौंप देना चाहिए।

5. भविष्य में सरकार को केवल सहायता-अनुदान के आधार पर स्थापित किए गए माध्यमिक स्कूलों और कॉलेजों की स्थापना को प्रोत्साहन देना चाहिए।

प्राथमिक शिक्षा (Primary Education)

आयोग ने प्राथमिक शिक्षा के उद्देश्य, प्रसार, प्रशासन, वित्त-व्यवस्था, पाठ्यक्रम, शिक्षा-स्तर के उन्नयन और सरकार की नीति के सम्बन्ध में निम्नलिखित महत्त्वपूर्ण सुझाव दिए; यथा-

1. *प्राथमिक शिक्षा का उद्देश्य* – प्राथमिक शिक्षा का एकमात्र उद्देश्य-जनसाधारण में शिक्षा का विस्तार करना होना चाहिए।
2. *प्राथमिक शिक्षा का प्रसार*– प्राथमिक शिक्षा का आदिवासियों और पिछड़ी हुई जातियों में प्रसार करने के लिए सरकार को ठोस कदम उठाने चाहिए।
3. *प्रशासन*–प्राथमिक शिक्षा के प्रशासन और संचालन का पूर्ण उत्तरदायित्व, सरकार को जिला-परिषदों, नगरपालिकाओं आदि स्थानीय निकायों को हस्तान्तरित कर देना चाहिए।
4. *वित्त व्यवस्था* – प्राथमिक शिक्षा के व्यय के लिए स्थानीय निकायों द्वारा स्थायी और पृथक् कोष का निर्माण किया जाना चाहिए।
5. *पाठ्यक्रम* – प्राथमिक शिक्षा के पाठ्यक्रम में सुधार करने के उद्देश्य से उसमें पहले से समाविष्ट विषयों के अतिरिक्त कुछ जीवनोपयोगी विषयों को सम्मिलित किया जाना चाहिए जो इस प्रकार है–कृषि, बहीखाता, सरल-विज्ञान, आरोग्य विज्ञान, महाजनी गणित और औद्योगिक कलाएँ। सम्पूर्ण देश में एक ही पाठ्यक्रम होना चाहिए और उसे स्थानीय आवश्यकताओं को ध्यान में रखकर निर्धारित किया जाना चाहिए।
6. *शिक्षा-स्तर का उन्नयन* – प्राथमिक शिक्षा के स्तर के उन्नयन करने के लिए प्रत्येक विद्यालय-निरीक्षक के अधिकार-क्षेत्र में कम-से-कम एक नॉर्मल स्कूल स्थापित किया जाना चाहिए।
7. *सरकार की नीति–प्राथमिक शिक्षा, शिक्षा प्रणाली का अभिन्न अंग* – प्राथमिक शिक्षा की नीति के विषय में "आयोग" ने सरकार को यह परामर्श दिया–"देश की वर्तमान परिस्थितियों में यह वांछनीय है कि जनसाधारण की प्राथमिक शिक्षा और उसकी व्यवस्था, प्रसार एवं उन्नति

को शिक्षा-प्रणाली का वह अंग घोषित किया जाए, जिसके प्रति अब राज्य की सतत् चेष्टाएँ पहले से अधिक मात्रा में केन्द्रित की जानी चाहिए।"

माध्यमिक शिक्षा संबंधी आयोग के सुझाव

1. *माध्यमिक शिक्षा का प्रसार तथा अनुदान प्रणाली* – माध्यमिक शिक्षा के प्रसार के लिए सहायता अनुदान प्रणाली का प्रयोग किया जाना चाहिए। इस प्रणाली में सरकार को अपनी उदारता का परिचय देना चाहिए।
2. *माध्यमिक स्तर पर पाठ्यक्रम* – माध्यमिक शिक्षा के दोषों का निराकरण करने के लिए, आयोग ने उच्च कक्षाओं में दो प्रकार के पाठ्यक्रमों का सुझाव दिया–"A" कोर्स तथा "B" कोर्स "आयोग" का मत था कि "A" कोर्स साहित्यिक होना चाहिए तथा उन छात्रों के लिए होना चाहिए, जो उच्च शिक्षा प्राप्त करने के लिए विश्वविद्यालय में प्रवेश पाने के इच्छुक हों। "B" कोर्स में व्यापारिक, व्यावसायिक और गैर साहित्यिक विषयों का समावेश होना चाहिए। यह कोर्स उन छात्रों के लिए होना चाहिए, जो शिक्षा प्राप्त करने के पश्चात् व्यावसायिक या गैर-साहित्यिक कोर्सों में संलग्न होने के इच्छुक हो।
3. *शिक्षा-स्तर का उन्नयन* – माध्यमिक शिक्षा के स्तर का उन्नयन करने के लिए, लाहौर और मद्रास में पहले से स्थापित प्रशिक्षण-कॉलेजों के अतिरिक्त अन्य स्थानों पर प्रशिक्षण-कॉलेजों की स्थापना की जानी चाहिए। इन कूलेजों में छात्राध्यापकों को शिक्षा-सिद्धान्त और कक्षा-शिक्षण में भली-भाँति परिचित कराया जाना चाहिए।
4. *माध्यमिक स्तर पर शिक्षा का माध्यम* – आयोग ने शिक्षा के माध्यम के विषय में कोई स्पष्ट सुझाव नहीं दिया। उसने केवल इतना कहा कि मिडिल स्कूलों में मातृभाषा को शिक्षा का माध्यम बनाना अधिक वांछनीय है, परन्तु छात्रों को अंग्रेजी का भी कुछ ज्ञान होना आवश्यक है।
5. *सरकार की नीति* – सरकार को माध्यमिक शिक्षा का भार कुशल भारतीयों को सौंपकर, इससे मुक्त हो जाना चाहिए। सरकार को केवल सहायता-अनुदान द्वारा माध्यमिक शिक्षा को प्रोत्साहित करना चाहिए। सरकार को अपने सरकारी स्कूलों को क्रमशः व्यक्तिगत सरकारी संस्थाओं को हस्तान्तरित कर देना चाहिए। सरकार को सरकारी स्कूलों का निर्माण और संचालन केवल उन स्थानों में करना चाहिए, जहाँ की

जनता अनुदान-प्रथा के आधार पर स्कूलों को चलाने में असमर्थ हो। इस सम्बन्ध में भी "आयोग" ने सरकार की शिक्षा-नीति को इन शब्दों में स्पष्ट किया-"सरकार का कर्त्तव्य प्रत्येक जिले में केवल एक हाई स्कूल की स्थापना करना है। उस के पश्चात् उस जिले में माध्यमिक शिक्षा का प्रसार व्यक्तिगत प्रयासों पर छोड़ देना चाहिए।"

कॉलेज शिक्षा

1. कॉलेजों में शिक्षकों की नियुक्ति करते समय विश्वविद्यालयों से शिक्षा प्राप्त करने वाले भारतीयों को प्राथमिकता दी जाए।
2. कॉलेजों के शिक्षकों की संख्या, व्यय, फर्नीचर, पुस्तकालय और भवन निर्माण की आवश्यकता को ध्यान में रखकार सहायता अनुदान दिया जाए।
3. कॉलेजों के पाठ्यक्रमों को छात्रों की रुचि के अनुसार विस्तृत करके उन्हें चयन करने का अवसर दिया जाए।
4. कॉलेजों को समय-समय पर फर्नीचर, पुस्तकालय, भवन निर्माण और शिक्षण-सम्बन्धी अन्य कार्यों के लिए आवश्यकतानुसार आर्थिक सहायता दी जानी चाहिए।
5. कॉलेजों के छात्रों के नैतिक स्तर का उत्थान करने के लिए उनको प्रकृति-धर्म और मानव-धर्म के सिद्धान्तों से परिचित कराया जाना चाहिए।
6. कॉलेजों के छात्रों को नागरिक कर्त्तव्यों से अवगत कराने के लिए व्याख्यान मालाओं का आयोजन किया जाना चाहिए।
7. कॉलेजों में अध्ययन करने वाले छात्रों के लिए उचित छात्रवृत्तियों की व्यवस्था की जानी चाहिए।
8. सिन्ध, गुजरात, दिल्ली, बिहार व मध्य प्रदेश में कॉलेज खोले जाएँ ताकि उच्च शिक्षा की सुविधा सभी प्रान्तों में समान हो जाए।
9. सरकारी तथा गैर सरकारी, सभी कॉलेजों में अधिकाधिक विषयों का प्रावधान किया जाए ताकि छात्रों की सांस्कृतिक चेतना, साहित्यिक ज्ञान तथा व्यवहार-कुशलता बढ़े। इसीलिए अध्यापकों की संख्या तथा योग्यता भी बढ़ानी चाहिए।
10. भारतीय अध्यापकों की नियुक्ति तथा वेतन और पेंशन में सुधार किया जाए।

11. परीक्षाफलों तथा विद्यार्थियों की संख्या पर आधारित अनुदान-प्रथा अनुचित है क्योंकि इसके कारण पिछड़े इलाकों में कॉलेज नहीं खुलते थे, साथ कक्षाओं में विद्यार्थियों की संख्या अधिक तथा पढ़ाये जाने वाले विषय थोड़े होते थे। कॉलेजों के व्यय, अध्यापकों की संख्या, स्थानीय आवश्यकता (पिछड़े क्षेत्रों में थोड़े विद्यार्थियों के लिए भी अधिक अध्यापक ताकि प्रायः सभी विषय खोलें जा सकें) आदि के आधार पर अनुदान दिया जाए।
12. सरकार तथा गैरसरकारी, सभी कॉलेजों में छात्रवृत्तियाँ दी जाएँ तथा विदेशों में शिक्षा विशेषतया तकनीकी एवं प्राविधिक शिक्षा–के लिए भी उदारतापूर्वक छात्रवृत्तियाँ होनी चाहिए।
13. सहायता प्राप्त कॉलेजों में फीस सरकारी कॉलेजों के समान होनी चाहिए वांछनीय है किन्तु सरकार उन्हें बाध्य न करे।

सहायता अनुदान प्रणाली

1. प्राथमिक स्कूलों के लिए परीक्षा फल के अनुसार वेतन प्रणाली (Payment by Result System) का प्रयोग किया जाए।
2. सहायता अनुदान देते समय स्कूलों की आवश्यकताओं तथा परिस्थितियों को ध्यान में रखा जाए।
3. स्कूलों को पुस्तकालय, शिक्षण सामग्री फर्नीचर आदि के लिए विशेष सहायता अनुदान दिया जाए।

धार्मिक शिक्षा

1. सरकारी स्कूलों में किसी प्रकार की धार्मिक शिक्षा न दी जाए।
2. गैर सरकारी स्कूलों में धार्मिक शिक्षा दी जा सकती है परन्तु सरकार द्वारा उसकी ओर कोई ध्यान न दिया जाए।

मुसलमानों की शिक्षा

1. परम्परागत ढंग से शिक्षा देने वाले मुस्लिम स्कूलों को प्रोत्साहित किया जाए।
2. जिन प्राथमिक स्कूलों में मुसलमानों की संख्या अधिक है, उनमें फारसी की शिक्षा दी जाए।
3. मुसलमानों में शिक्षा के प्रसार के लिए उन्हें छात्रवृत्तियाँ दी जाएँ।
4. मुसलमानों की सरकारी नौकरियों में उचित अनुपात में रखा जाए।

स्त्री शिक्षा

1. बालिकाओं के स्कूलों को अधिक सहायता-अनुदान दिया जाए।
2. बालिकाओ में शिक्षा का प्रसार करने के लिए छात्रवृत्तियाँ और नि:शुल्क शिक्षा देने की योजनाएँ बनाई जाएँ।
3. पर्दे में रहने वाली बालिकाओं के लिए अध्यापिकाओं को नियुक्त किया जाए जो उनके घरों में जाकर शिक्षा दें।
4. बालिकाओं के स्कूलों का निरीक्षण करने के लिए निरीक्षिकाओं की नियुक्ति की जाए।

हण्टर आयोग का मूल्यांकन तथा प्रभाव (Evaluation and Impact of Hunter Commission)

हण्टर कमीशन का भारतीय शिक्षा के इतिहास में अद्वितीय स्थान है। कमीशन की जाँच के परिणामस्वरूप भारत में शैक्षिक जागृति हुई तथा एक निश्चित नीति का सूत्रपात हुआ। देश में प्राथमिक विद्यालयों का जाल-सा बिछ गया। अंग्रेजी स्कूलों तथा कॉलेजों का आश्चर्यजनक विस्तार हुआ।

आयोग की सिफारिशों में निम्नलिखित दोष भी थे–

1. आर्थिक एवं औद्योगिक विकास के लिए शिक्षा का अभाव था।
2. समाज को इस शिक्षा प्रणाली ने दो स्पष्ट वर्गों में बाँट दिया।
3. पुस्तकीय ज्ञान पर अधिक बल था।
4. आयोग ने सार्वजनिक शिक्षा की अवहेलना की।

आयोग की सिफारिशों पर कुछ लेखकों के मत

1. **ए.एन. बसु** के शब्दों में, "आयोग ने लगभग उन्हीं सिद्धान्तों को दुहराया, जिनको वर्षों पूर्व वुड के आदेश-पत्र में स्वीकार किया गया था। भारतीय शिक्षा आयोग ने उन सिद्धान्तों में से कुछ को केवल विस्तृत किया तथा कुछ पर यत्र-तत्र थोड़ा सा बल दिया।"
2. **नरूला तथा नायक** के विचार में "आयोग की जाँच के फलस्वरूप भारत में महान् शैक्षिक जागृति तथा शैक्षिक निर्णयों का 1902 तक भारत की शिक्षा नीति पर प्रमुख प्रभाव रहा।"

3. **टी.एन. सिक्येरा** का कथन है, "अपने सब सुझावों के लिए आयोग हार्दिक स्वागत का पात्र है। यदि आज भारतीय शिक्षा प्रणाली के प्रति इतने व्यापक असंतोष का अनुभव किया जा रहा है तो इसका कारण 1882 में निर्धारित की गई शिक्षा के मुख्य भाव अथवा उद्देश्यों का अनुसरण नहीं किया गया।"

5

लॉर्ड कर्जन तथा शिक्षा
(Lord Curzon and Education)

लॉर्ड कर्जन (1899.1905) के शिक्षा के क्षेत्र में कार्य (Lord Curzon's Work in the field of Education)

लॉर्ड कर्जन शिक्षा का अत्यन्त प्रेमी था। उसके कार्यकाल में शिक्षा में निम्नलिखित कार्य किए गए–

1. शिमला शिक्षा सम्मेलन (1901)।
2. भारतीय विश्वविद्यालय आयोग (1902)।
3. भारतीय विश्वविद्यालय अधिनियम (1904)।
4. शिक्षा नीति संबंधी प्रस्ताव (1904)।
5. शिक्षा के विभिन्न संत्रों में सुधार।
6. प्राथमिक शिक्षा में सुधार।

शिमला शिक्षा सम्मेलन (1901)

लॉर्ड कर्जन लगभग 6 वर्ष भारत के गवर्नर जनरल रहे। उसकी शिक्षा में विशेष रुचि थी। जिस समय लॉर्ड कर्जन भारत आया उस समय शिक्षा की स्थिति अत्यन्त शोचनीय थी। ऐसा माना जाता था कि वह काल भारत के शिक्षा के इतिहास में अत्यन्त अप्रगतिशील था। कर्जन को पूरा विश्वास था कि भारतीय प्रशासन के पुनर्गठन के कार्यक्रम में शिक्षा का महत्वपूर्ण योगदान है। अपने विचारों को क्रियात्मक रूप देने के लिए उसने सन् 1901 में एक शिक्षा सम्मेलन बुलाया। यह सम्मेलन लॉर्ड कर्जन के सभापतित्त्व में 15 दिन चला। इस सम्मेलन में उसने प्रत्येक

प्रांत के शिक्षा निदेशक तथा मिशनारियों के प्रतिनिधियों को आमंत्रित किया। लॉर्ड कर्जन ने इस सम्मेलन में भारतीयों के एक भी प्रतिनिधि को स्थान न दिया।

सम्मेलन में पारित प्रमुख प्रस्ताव

15 दिन चलने वाले सम्मेलन में लगभग 150 प्रस्ताव पारित किए गए। उनमें मुख्य इस प्रकार थे–

1. शिक्षा के सभी क्षेत्रों पर प्रशासन का नियंत्रण हो।
2. शिक्षा केन्द्र द्वारा नियन्त्रित तथा संचालित हो।
3. सरकार शिक्षा के लिए अधिक धन राशि निर्धारित करे।
4. भिन्न-भिन्न स्थानों पर राजकीय स्कूल खोले जायें जो भारतीयों द्वारा स्थापित संस्थाओं के लिए आदर्श का काम करें।

सामान्यतः भारतीयों ने इस सम्मेलन को 'शंका' तथा 'भयंकर षड़यंत्र' की संज्ञा दी क्योंकि यह सम्मेलन गुप्त रखा गया था तथा इसमें किसी भारतीय प्रतिनिधि को नहीं बुलाया गया था। सम्मेलन की कार्यवाही को समाचार पत्रों में प्रकाशित भी नहीं किया गया।

भारतीय विश्वविद्यालय आयोग (1902)
(Indian Universities Commission)

आयोग की नियुक्ति के कारण

27 जनवरी सन् 1902 को लॉर्ड कर्जन ने भारतीय विश्वविद्यालय आयोग की नियुक्ति की। आयोग ने उसी वर्ष जून में अपनी सिफारिशें दीं। आयोग की नियुक्ति के निम्नलिखित कारण थे–

1. विश्वविद्यालयों से सम्बद्ध कॉलेजों की संख्या में तीव्र गति से वृद्धि होने के कारण विश्वविद्यालयों का इतना कार्य-भार हो गया था कि वे अपने कार्यों का पर्याप्त कुशलता से पालन नहीं कर पाते थे। फलस्वरूप, कॉलेजों का शिक्षण-स्तर निम्न हो गया था।
2. सीनेट के सदस्यों की संख्या आवश्यकता से अधिक थी।
3. सीनेट में विश्वविद्यालय के अध्यापकों का उचित प्रतिनिधित्व नहीं था।
4. विश्वविद्यालय केवल परीक्षा लेने और मान्यता देने का कार्य करते थे। उनमें शिक्षण की, जो उनका मुख्य कार्य था, कोई व्यवस्था नहीं थी।

5. पंजाब विश्वविद्यालय को छोड़ कर भारत के सभी विश्वविद्यालयों का ढाँचा, लंदन विश्वविद्यालय को आदर्श मान कर किया गया था। लंदन विश्वविद्यालय का सन् 1898 में पुर्नसंगठन हो गया था। अत: भारतीय विश्वविद्यालयों को उसके अनुरूप परिवर्तित किया जाना आवश्यक था।

आयोग द्वारा जाँच के विषय (Terms of Reference of the Commission)

1. ब्रिटिश भारत में विश्वविद्यालयों की वर्तमान दशा और उनकी भावी उन्नति की जाँच करना।
2. विश्वविद्यालयों के विधान और उनकी कार्यप्रणाली में सुधार करने के लिए प्रस्ताव प्रस्तुत करना।
3. विश्वविद्यालयों के शिक्षण-स्तर को ऊँचा उठाने और विद्या की उन्नति करने के लिए उपयुक्त विधियों का सुझाव देना।

आयोग की संतुतियाँ

1. नए विश्वविद्यालयों की स्थापना नहीं की जानी चाहिए।
2. वर्तमान विश्वविद्यालयों द्वारा शिक्षण कार्य किया जाना चाहिए।
3. स्नातक-पूर्व शिक्षण का कार्य, सम्बद्ध कॉलेजों में और स्नातकोत्तर शिक्षण-कार्य, विश्वविद्यालयों में किया जाना चाहिए।
4. प्रत्येक विश्वविद्यालय की भौगोलिक सीमा स्पष्ट रूप से निश्चित कर दी जानी चाहिए।
5. सीनेट के सदस्यों की संख्या कम कर दी जानी चाहिए और उनकी सदस्यता की अवधि पाँच वर्ष की होनी चाहिए।
6. सिण्डीकेट (Syndicate) के सदस्यों की संख्या 9 से बढ़ा कर 15 तक होनी चाहिए और उनका निर्वाचन सीनेट (Senate) के द्वारा किया जाना चाहिए।
7. कॉलेजों और विश्वविद्यालयों के योग्य अध्यापकों को सीनेट में प्रतिनिधित्व दिया जाना चाहिए।
8. कॉलेजों को मान्यता देने के नियमों में कड़ाई की जानी चाहिए।
9. प्रत्येक सम्बद्ध कॉलेज का प्रबन्ध, एक संगठित समिति के द्वारा किया जाना चाहिए।

10. इण्टरमीडिएट की कक्षाओं को समाप्त किया जाए और स्नातकों का पाठ्यक्रम 3 वर्ष किया जाए।
11. मेट्रीकुलेशन का स्तर ऊँचा किया जाए।
12. छात्रों के लिए छात्रावासों की व्यवस्था की जाए।

विश्वविद्यालय आयोग की रिपोर्ट का मूल्यांकन

आयोग ने भारतीय विश्वविद्यालय व्यवस्था के आधारभूत पुनर्गठन के बारे में कोई ठोस सुझाव नहीं दिए।

कक्षा 11 से 12 वाले, अर्थात् इण्टरमीडिएट कक्षाओं, को तोड़ने की संतुति का बहुत विरोध हुआ।

आयोग की सिफारिशों के आधार पर भारतीय विश्वविद्यालय अधिनियम बनाया गया।

भारतीय विश्वविद्यालय अधिनियम (1904)
(Indian Univesities Education Act)

21 मार्च 1904 को भारतीय विश्वविद्यालय अधिनियम पास किया गया। इस अधिनियम के निम्नांकित प्रस्ताव थे जिन्हें लागू किया गया।

विश्वविद्यालयों संबंधी नियम

1. विश्वविद्यालयों के कार्य-क्षेत्र को विस्तृत कर दिया गया। अब वे परीक्षाओं के अतिरिक्त शिक्षण कार्य भी कर सकते थे।
2. विश्वविद्यालय प्रयोगशालाओं तथा पुस्तकालयों का इस दृष्टि से विकास कर सकते थे कि उच्च विश्वविद्यालय की प्रगति हो सके।
3. अधिनियम ने सीनेट की अधिकतम 100 तथा न्यूनतम 50 सदस्यों की संख्या निर्धारित कर दी।
4. सीनेट के 'फैलो' के लिए चुनाव-प्रणाली लागू की गयी।
5. गवर्नर-काउन्सिल को अधिकार दे दिया कि वह विभिन्न विश्वविद्यालयों की प्रादेशिक सीमाएँ निर्धारित तथा निश्चित करे।

माध्यमिक शिक्षा

माध्यमिक शिक्षा के गुणात्मक विकास के लिए माध्यमिक स्कूलों की मान्यता के नियम कड़े किए गए।

प्राथमिक शिक्षा

प्राथमिक शिक्षा के संख्यात्मक विकास की दृष्टि से दिए जाने वाली अनुदान-राशि की मात्रा को दुगना कर दिया गया।

शिक्षा नीति सम्बन्धी सरकारी प्रस्ताव (1904)
(Government Resolution on Education Policy 1904)

लॉर्ड कर्जन के शिक्षा नीति संबंधी सरकारी प्रस्ताव के दो भागों में बाँटा जा सकता है–

1. प्रचलित शिक्षा नीति के दोष
2. शिक्षा की नीति निर्धारित करना।

प्रचलित शिक्षा नीति के दोष

1. संख्यात्मक दोष
2. गुणात्मक दोष।

संख्यात्मक दोष

1. पाँच में से चार ग्रामों में कोई स्कूल नहीं थे।
2. चार में से तीन बालक शिक्षा से वंचित थे।
3. चालीस में केवल एक बालिका शिक्षा पा रही थी।

प्रचलित शिक्षा नीति के गुणात्मक दोष

1. पाठ्यक्रम पूर्ण रूप से पुस्तकीय थे।
2. परीक्षाओं पर आवश्यकता से अधिक बल दिया जाता था।
3. अंग्रेजी की शिक्षा पर अधिक ध्यान देने के कारण भारतीय भाषाओं की अवहलेना की गई थी।
4. उच्च शिक्षा का उद्देश्य केवल नौकरी प्राप्त करना है। इस कारण उच्च शिक्षा संकीर्ण बन गई थी।
5. स्कूलों तथा कॉलेजों में छात्रों की बुद्धि के विकास पर कम तथा स्मृति पर अधिक बल दिया जाता था।

शिक्षा नीति के विशेष तत्त्व

1. प्राथमिक शिक्षा का प्रसार करना सरकार का प्रमुख कार्य होना चाहिए था।

2. प्राथमिक शिक्षा के पाठ्यक्रम में अंग्रेजी को कोई स्थान नहीं दिया ज.ना चाहिए था।
3. प्राथमिक स्तर पर भारतीय भाषाओं पर अधिक बल दिया जाना चाहिये था।
4. माध्यमिक शिक्षा का स्तर बढ़ाने के लिए मान्यता तथा अनुदान के नियमों में अधिक कड़ाई की जानी चाहिए थी।
5. कॉलेज तथा विश्वविद्यालय की शिक्षा के स्तर का उन्नयन किया जाना चाहिये था।

लॉर्ड कर्जन द्वारा किए गए शिक्षा में अन्य सुधार

कला शिक्षा

कला शिक्षा के विकास के लिए कर्जन ने निम्न कार्य किए–

1. भारतीय कलाओं की शिक्षा कला विद्यालयों में दी जाने लगी।
2. कला विद्यालयों का स्वरूप व्यावसायिक विद्यालयों की भाँति न किए जाने पर बल दिया।
3. चुने हुए विषयों की शिक्षा कला विद्यालयों में देने पर जोर दिया।
4. कला विद्यालयों के छात्रों से शुल्क अवश्य लिया जाए इस बात पर बल दिया।

कृषि की शिक्षा पर विकास

1. कृषि विषय को मिडिल तथा हाई स्कूलों के पाठ्यक्रम में शामिल किया जाए।
2. प्रत्येक प्रान्त में कृषि महाविद्यालय की स्थापना पर बल दिया।
3. किसानों को कृषि सम्बन्धी विषयों की जानकारी प्राप्त कराने के लिए विशेष कक्षाओं का प्रबन्ध किया।
4. कृषि शिक्षा को बढ़ावा देने के लिए भारतीय भाषाओं में कृषि की उपयुक्त पुस्तकें प्रकाशित करने पर बल दिया।
5. बिहार प्रान्त के पूसा स्थान पर कृषि अनुसंधानशाला की स्थापना की गई।

स्त्री शिक्षा का विकास

1. लड़कियों के लिए उपयुक्त विद्यालयों की स्थापना पर बल दिया।

2. लड़कियों के स्कूलों में सुयोग्य अध्यापिकाओं की नियुक्ति पर बल दिया।
3. लड़कियों के स्कूलों के लिए अधिक धन राशि उपलब्ध कराने पर बल दिया।

शिक्षा के क्षेत्र में लॉर्ड कर्जन के कार्यो का मूल्यांकन (Evaluation of Lord Curzon's Work in Education)

लॉर्ड कर्जन के शिक्षा संबंधी सुधारों की प्रशंसा करते हुए नरूला तथा नायक ने इस प्रकार विचार व्यक्त किए, "जो कार्य कर्जन ने सात वर्ष में किए, उनको करने में किसी अन्य व्यक्ति को निश्चित रूप से दुगने समय की आवश्यकता पड़ती।"

ए.एन. बसु ने इसके विपरीत अपने विचार इस प्रकार प्रकट किए हैं, "यद्यपि रोग का निदान ठीक था, तथापि प्रस्तावित औषधि न तो उपयुक्त थी और न सामयिक। लॉर्ड कर्जन ने जो बातें कहीं, उनमें से अनेक सत्य थीं। किन्तु, जिस विधि से वह सुधार करना चाहता, उससे शिक्षित भारतीयों के मस्तिष्क में गम्भीर सन्देह की उत्पत्ति हो गई। उन्होंने यह समझा कि इस सुधार कार्य में कोई गहरी राजनीतिक चाल छिपी हुई थी।"

गोपाल कृष्ण गोखले ने कर्जन के शासन काल की तुलना औरंगजेब के काल से की।

निष्पक्ष तौर पर कर्जन के सुधारों का अवलोकन करने पर उसकी शिक्षा की देन निम्नलिखित है–

1. शिक्षा नीति पर प्रस्ताव पास करना।
2. विश्वविद्यालयों का पुनर्गठन तथा शिक्षा स्तर का उन्नयन।
3. प्राथमिक शिक्षा में सुधार लाना।
4. प्राथमिक तथा माध्यमिक स्तर पर भारतीय भाषाओं को शिक्षा का माध्यम बनाना।
5. कृषि शिक्षा की व्यवस्था करना।
6. केन्द्रीय शिक्षा विभाग की स्थापना करना।
7. माध्यमिक शिक्षा में अनुदान तथा मान्यता के कड़े नियम बनाना।
8. कला शिक्षा को प्रोत्साहन देना।

9. नैतिक शिक्षा पर बल देना।
10. विदेशों में अध्ययन हेतु छात्रवृत्तियाँ प्रदान करना।

उपसंहार

यद्यपि लॉर्ड कर्जन ने शिक्षा में सुधार के लिए अनेक कदम उठाए परन्तु भारतीयों ने इन्हें उचित न माना क्योंकि वह भारतीयों को हीन समझता था। उन्हें घृणा की दृष्टि से देखता था। इस कारण उस की प्रत्येक नीति की आलोचना की जाती रही। वह पक्का साम्राज्यवादी था तथा भारत में अंग्रेजी राज्य को दृढ़ बनाने के लिए दमन की नीति में विश्वास रखता था।

6

राष्ट्रीय चेतना का विकास तथा राष्ट्रीय शिक्षा का आन्दोलन

(Growth of National Consciouness and National Education Movement)

भूमिका (Background)

भारत में ब्रिटिश शासन की शुरूआत 1757 में प्लासी के युद्धक्षेत्र में मीर कासिम तथा अन्यों के विश्वासघात के कारण नवाब सिराजुद्दौला की पराजय के साथ हुई थी। तभी से विभिन्न वर्गों के लोग सामान्यत: ब्रिटिशन शासन का प्रतिरोध करते रहे। सन् 1857 तक शायद ही कोई वर्ष बीता हो, जिसमें भारत के किसी न किसी भाग में किसी प्रकार का विद्रोह न भड़का हो। 1763 तथा 1856 के बीच 40 बड़े विद्रोह हुए। 1857 का विद्रोह जिसे भारतीय स्वतन्त्रता संग्राम का प्रथम युद्ध भी कहा जाता है, असफल रहा।

19वीं शताब्दी को "भारत के पुनर्जागरण काल" कहा जाता है। देश में कई धार्मिक, सामाजिक तथा शैक्षिक सुधारकों ने राष्ट्रीय चेतना को बढ़ावा दिया।

1885 में भारतीय राष्ट्रीय कांग्रेस के बनने से पहले कई राष्ट्रीय जागरण की संस्थाएँ बनीं।

राष्ट्रीय शिक्षा आन्दोलन के चरण (Phases of National Education Movement)

राष्ट्रीय जागृति के साथ-साथ राष्ट्रीय शिक्षा आन्दोलन ने भी जन्म लिया। मुख्यत: इसे चार भागों में बाँटा जा सकता है–

1. **पहला चरण:** (1890 से 1904) सामाजिक जागृति।
2. **दूसरा चरण:** (1905 के आसपास)–बंग आन्दोलन 1905।
3. **तीसरा चरण:** (1921-22)–असहयोग आन्दोलन।
4. **चौथा चरण:** (1937-39)–वर्धा शिक्षा योजना।

राष्ट्रीय शिक्षा आन्दोलन का पहला चरण

स्वामी दयानन्द (1824-1883) के अनुयायियों ने 1 जून 1886 को उनकी स्मृति में डी.ए.वी. स्कूल, लाहौर की स्थापना की। यह निर्णय लिया गया कि इसको चलाने के लिए सरकारी सहायता नहीं ली जाएगी।

स्वामी दयानन्द के एक अन्य समर्पित अनुयायी स्वामी श्रद्धानन्द (1857-1926) ने आश्रमों की प्राचीन पद्धति की शैली पर हरिद्वार के निकट 1901 में गुरुकुल की स्थापना की। इसको स्थापित करने का प्रस्ताव आर्य प्रतिनिधि (पंजाब) ने नवम्बर 1896 में पारित किया।

प्रथम भारतीय कुलपति, गुरुदास बैनर्जी ने अपने दीक्षान्त भाषणों (1891-92) में आगे चलकर स्थापित होने वाली 'राष्ट्रीय शिक्षा परिषद्' की समस्त शैक्षिक शैली का पूर्वाभास दे दिया था। लगभग उसी समय रवीन्द्रनाथ टैगौर ने 'साधना' के दिसम्बर 1892 जनवरी 1893 अंक में प्रकाशित अपने लेख 'शिक्षार हेर-फेर' में ब्रिटिश शासन द्वारा चलाई जा रही शिक्षा प्रणाली की कमियों का उल्लेख किया था।

'डॉन' पत्रिका के सम्पादक सतीश चन्द्र मुखर्जी ने 1898 में प्रचलित विश्वविद्यालय शिक्षा प्रणाली की कड़े शब्दों में आलोचना की तथा इसे बिल्कुल असफल कहा।

राष्ट्रीय शिक्षा आन्दोलन का दूसरा चरण

सन् 1905 में लॉर्ड कर्जन ने बंगाल प्रान्त का विभाजन किया। इसके परिणामस्वरूप देश भर में असंतोष फैला। यह असंतोष शिक्षा के क्षेत्र में भी उभर कर सामने आया। विद्यार्थियों ने अपने असंतोष को व्यक्त करने के लिए सभाएँ कीं तथा जलूस निकाले। शासन ने दमन चक्र आरम्भ किया और छात्रों को राजनीति से पृथक् रहने का आदेश दिया। आदेश में स्पष्ट किया गया कि जो छात्र आन्दोलन में भाग लेंगे, उन्हें शिक्षा संस्थाओं से निष्कासित कर दिया जाएगा।

शिक्षा में रुचि लेने वाले भारतीयों ने देश-प्रेमी छात्रों की समुचित व्यवस्था करना अपना कर्त्तव्य माना। अतः देश के अनेक भागों में राष्ट्रीय शिक्षा-संस्थाएँ

स्थापित की गईं। सबसे पहला कदम बंगाल में उठाया गया। वहाँ गुरुदास बैनर्जी की अध्यक्षता में राष्ट्रीय शिक्षा प्रसार समिति (Society for Promotion of National Education) की स्थापना की गई।

राष्ट्रीय शिक्षा परिषद्
(National Council for Education)

1906 में राष्ट्रीय शिक्षा परिषद् (National Council for Education) बनाई गई। इस के अनेक सदस्य प्रतिमास 100 रुपये इस कार्य के लिए देते थे। कई स्रोतों से धन की व्यवस्था की गई तथा एक स्कूल खोला गया इसी वर्ष बंगाल राष्ट्रीय कॉलेज की स्थापना की गई।

राष्ट्रीय परिषद के उद्देश्य

1. राष्ट्रीय आधार पर और पूर्णतः राष्ट्रीय नियन्त्रण में साहित्यिक, वैज्ञानिक तथा तकनीकी शिक्षा उपलब्ध करना।
2. शारीरिक एवं नैतिक शिक्षा को प्रोत्साहित करना और विशेष रूप से उस उद्देश्य के लिए प्राप्त निधियों में से धार्मिक शिक्षा की व्यवस्था करना।
3. छात्रों में देश के प्रति सच्चा प्यार तथा देश सेवा के लिए वास्तविक लगन पैदा करना।
4. पश्चिमी आदर्शों के ग्राह्य स्वरूप को भारतीय संदर्भ में ग्रहण करके शिक्षा प्रदान करना।
5. भारत के प्राकृतिक संसाधनों को विवेकशील उपयोग करने के लिए उन्नतशील वैज्ञानिक और कलात्मक शिक्षा की व्यवस्था करना जिससे वर्तमान आवश्यकता सन्तुष्ट हो सके।
6. देश की सांस्कृतिक एवं विविध परम्पराओं के संदर्भ में अनुशासन स्थापित करके कार्यक्षमता का स्तर बढ़ाना।
7. कला और विज्ञान की उत्तम पुस्तकें भारतीय भाषाओं में अनुवादित करना और लिखना जिससे भारतीय भाषाओं में शिक्षा दी जा सके।
8. शिक्षकों में नैतिक, बौद्धिक और शैक्षिक विशिष्टताएँ स्थापित करना जिससे वे उत्तमोत्तम ज्ञान प्रदान कर सकें।
9. शिक्षा को बढ़ावा देने लिए सामयिक अधिवेशन और सभाएँ व्यवस्थित करना।

शिक्षा के स्तर

राष्ट्रीय शिक्षा-परिषद् ने राष्ट्रीय शिक्षा के स्तर इस प्रकार निश्चित किए–

(अ) प्राथमिक शिक्षा-स्तर (3 वर्षीय)–6 वर्ष की आयु से प्रारम्भ,

(ब) माध्यमिक शिक्षा-स्तर (7 वर्षीय)–9 वर्ष की आयु से प्रारम्भ,

(स) उच्च शिक्षा-स्तर (4 वर्षीय)–किसी एक साहित्यिक, वैज्ञानिक विषय का गहन अध्ययन और किसी एक बी. ए. ऑनर्स पाठ्यक्रम का कोई साहित्यिक विषय।

श्री अरविंद घोष तथा राष्ट्रीय शिक्षा योजना

श्री अरविंद घोष (1872–1950) ने पाण्डिचेरी में बसने से पूर्व स्वतन्त्रता संग्राम विशेषकर बंग-बंग विरोधी आन्दोलन में प्रमुख भूमिका निभाई, इस समय उन्होंने दो क्रान्तिकारी योजनाएँ–राष्ट्रीय शिक्षा का विकास तथा 'वन्दे मातरम्' समाचार पत्र का सम्पादन प्रारम्भ किया। अगस्त 1906 में कलकत्ता में नेशल कॉलेज की स्थापना होने पर वे बड़ौदा में अपनी आकर्षक नौकरी छोड़ कर उस कॉलेज में काम करने का उत्तरदायित्व स्वीकार किया। यह उल्लेखनीय है कि बड़ौदा की तुलना में उनका वेतन पाँचवा भाग ही था।

उनकी रुचि तो राष्ट्रीय गतिविधियों तथा शिक्षा में थी। उन्हें 1 जून 1906 को स्थापित राष्ट्रीय शिक्षा परिषद् द्वारा आमंत्रित किया गया था। उनकी शिक्षा योजना में निम्न बातें प्रमुख थीं–

1. शिक्षा में चरित्र के विकास पर बल देना।
2. शिक्षा को उच्च स्थान देकर राष्ट्र निर्माण की प्रक्रिया का अभिन्न अंग बनाना।
3. शिक्षा में उपयुक्त आधुनिक प्रौद्योगिकी को अपनाना।
4. गाँवों में शिक्षा का प्रसार करना।
5. अध्यापकों के छात्रों के सम्मुख स्वयं आदर्श उपस्थित करना।

राष्ट्रीय शिक्षा का आन्दोलन ढीला पड़ गया जब 1911 में सरकार ने बंगाल विभाजन का आदेश वापस ले लिया तथा बंग-भंग आन्दोलन समाप्त हो गया।

राष्ट्रीय शिक्षा आन्दोलन का तीसरा चरणः असहयोग आन्दोलन (1920–22)

असहयोग आन्दोलन गांधी जी ने 1920 में शुरू किया। इस आन्दोलन के तीन मुख्य कारण थे–

1. प्रथम महायुद्ध के पहले अंग्रेजों ने भारतीयों से कुछ वायदे किए थे जिनमें प्रमुख था, भारतीयों को शासन में भागेदारी बनाने के उचित मार्ग खोलना।
2. जलियाँवाला हत्याकाण्ड, अमृतसर (1919) के विरूद्ध आवाज उठाना।
3. मुसलमानों द्वारा अंग्रेजों के विरूद्ध खिलाफत आन्दोलन।

आन्दोलन देश में बड़ी तेजी से फैला। छात्रों ने विशेष रूप से भाग लिया। अनेक राष्ट्रीय शैक्षिक संस्थाएँ खोलीं गई जिनमें छात्रों ने सरकारी संस्थाएँ छोड़ कर प्रवेश लिया।

राष्ट्रीय स्तर पर राष्ट्रीय शैक्षिक संस्थापित की गई। इन शैक्षिक संस्थानों ने अनेक देशभक्त पैदा किए।

प्रमुख राष्ट्रीय विश्वविद्यालय निम्नलिखित थे–

1. (राष्ट्रीय) विद्यापीठ, काशी,
2. (राष्ट्रीय) विद्यापीठ, गुजरात,
3. (राष्ट्रीय) विद्यापीठ, बिहार,
4. (राष्ट्रीय) तिलक विद्यापीठ,
5. जामिया मिलिया इस्लामिया, अलीगढ़ (बाद में दिल्ली आ गया),
6. बंगाल राष्ट्रीय विश्वविद्यालय,
7. राष्ट्रीय विद्यापीठ,
8. वनस्थली विद्यापीठ, राजस्थान। (विद्यापीठें विश्वविद्यालय स्तर की संस्थाएँ हैं।)

श्रीमती ऐनी बेसेन्ट (Smt. Annie Besant (1847–1933)

राष्ट्रीय शिक्षा के विकास में श्रीमती ऐनी बेसेंट का बहुत योगदान रहा। वे एक आयरिश महिला थीं जो 1893 में भारत आई। उन्होंने राष्ट्रीय चेतना, समाज सुधार तथा राष्ट्रीय शिक्षा के क्षेत्र में बहुत महत्त्वपूर्ण कार्य किया। उन्होंने बनारस में 1898 में एक कॉलेज की स्थापना की।

श्रीमती ऐनी बेसेंट के कुछ महत्त्वपूर्ण कथन

1. ब्रिटिश आदर्श, ब्रिटेन के लिए अच्छे है, किन्तु भारत के लिए भारत के आदर्श ही अच्छे हैं।
2. राष्ट्रीय जीवन और राष्ट्रीय चरित्र को अधिक शीघ्रता और अधिक निश्चित रूप में निर्बल बनाने के लिए इससे अधिक उत्तम उपाय और कोई नहीं हो सकता है कि बालकों की शिक्षा पर विदेशी प्रभावों और विदेशी आदर्शों का प्रभुत्व हो।
3. भारतीय शिक्षा–भारतवासियों द्वारा नियन्त्रित, भारतवासियों द्वारा निर्मित और भारतवासियों द्वारा संचालित की जानी चाहिए।
4. भारतीय शिक्षा को भक्ति, ज्ञान एवं नैतिकता के भारतीय आदर्श प्रस्तुत करने चाहिए और उसमें भारतीय धार्मिक भावना का समावेश होना चाहिए।
5. राष्ट्रीय शिक्षा द्वारा राष्ट्रीय चित्र का विकास किया जाना चाहिए।

वनस्थली विद्यापीठ, राजस्थान

राजस्थान से लगभग 70 कि मी. दूर वनस्थली गाँव में श्री हीरा लाल शास्त्री 'जीवन कुटीर' संस्था की स्थापना की जो प्रौढ़ शिक्षा तथा भारतीय संस्कृति के आधार पर कार्य करती थी। धीरे-धीरे इसने शैक्षिक क्षेत्र में भारतीय आदर्शों के अनुरूप कार्य किया। 1935 में जीवन कुटीर के अन्तर्गत एक 'शिक्षा कुटीर' की स्थापना की गई। 1942-43 में यही राजस्थान बालिका विद्यालय वनस्थली विद्यापीठ में परिवर्तित हो गई।

श्रीमती बेसेन्ट ने निम्नलिखित पुस्तकें लिखीं–

1. Education as a National Duty (1903),
2. The Education of Indian Girls (1906),
3. Education for the New Era (1914),
4. Principles of Education (1915)।

इन सभी पुस्तकों में भारतीयता तथा भारतीय शिक्षा की छाप थी।

जामिया मिलिया इस्लामिया तथा डॉ. जाकिर हुसैन (1897-1969) का राष्ट्रीय शिक्षा में योगदान

गांधी जी के आह्वान पर डॉ. जाकिर हुसैन तथा उनके साथी अपनी शिक्षा छोड़ कर राष्ट्रीय आन्दोलन में लगे और असहयोग आन्दोलन में भाग लिया।

अलीगढ़ में अपने कुछ साथियों के साथ मिल कर जामिया मिलिया इस्लामिया की स्थापना अलीगढ़ में की जिसका बाद में स्थानान्तर ओखला, दिल्ली में किया गया। 1926 में वे इस विश्वविद्यालय के उपकुलपति बने। यहाँ पर उन्होंने इसी रूप में लगभग 22 वर्ष कार्य किया। उन्होंने वर्धा शिक्षा योजना की रूपरेखा तैयार करने में महत्त्वपूर्ण कार्य किया। 1948 में वे अलीगढ़ विश्वविद्यालय के उपकुलपति बने।

राष्ट्रीय शिक्षा आन्दोलन के प्रमुख तत्त्व (Chief Characteristics of National Education Movement)

1. राष्ट्रीय शिक्षा व्यवस्था पर भारतीय नियन्त्रण।
2. राष्ट्रीय शिक्षा के भारतीय आदर्श।
3. राष्ट्रीय चरित्र का विकास।
4. ब्रिटिश आदर्शों को न अपनाना।
5. भारतीय भाषाओं पर अधिक बल।
6. व्यावसायिक शिक्षा पर बल।
7. भारत माता से प्यार की भावना भरना।
8. पाश्चात्य ज्ञान को भारतीय स्थिति के अनुसार ग्रहण करना।

राष्ट्रीय शिक्षा आन्दोलन का चौथा चरण

गांधी जी के विचार तथा उन के अनुसार परिपादित वर्धा योजना–

अलग से विवरण दिया गया है।

मोटे तौर पर कहा जा सकता है कि जिस मात्रा में राष्ट्रीय शिक्षा संस्थाओं का प्रसार होना चाहिए था, वह नहीं हो पाया। जहाँ तक कि गांधी जी द्वारा प्रस्तावित शिक्षा व्यवस्था भी असफल रही।

इसमें भी कोई सन्देह नहीं है कि अनेक शिक्षाशास्त्री तथा छात्र राष्ट्रीय शिक्षा आन्दोलन से जुड़े। उन्होंने अपूर्व त्याग का परिचय दिया। राष्ट्रीय स्वतन्त्रता आन्दोलन में बढ़-चढ़ कर भाग लिया।

7

गोपाल कृष्ण गोखले का प्राथमिक शिक्षा पर प्रस्ताव तथा इसका प्रभाव (1910-12)

(Gopal Krishna's Gokhale's Resolution on Primary Education and Its Impact)

गोपाल कृष्ण गोखले (1866 to 1915) का संक्षिप्त जीवन चरित्र

गोपाल कृष्ण गोखले भारत के उच्च कोटि के राजनीतिज्ञ, समाज सुधारक तथा शिक्षाविद् थे। उन्होंने बड़े उदार, शान्त एवं वैज्ञानिक ढंग से राष्ट्रीय चेतना जाग्रत करने में महत्त्वपूर्ण भूमिका का निर्वाह किया। उन्होंने शिक्षा के क्षेत्र में भी प्रशंसनीय कार्य किया। 20 वर्ष की आयु में गोखले प्रोफेसर बन गए।

22 वर्ष की आयु में बम्बई विधान परिषद् के सदस्य बने। 1884 में उन्होंने डेकन एजूकेशन सोसायटी तथा 1905 में सर्वेन्ट्स ऑफ इण्डिया सोसायटी की स्थापना की। साप्ताहिक 'सुधारक' तथा दैनिक 'ज्ञान प्रकाश' का सम्पादन किया। 1902 में केन्द्रीय धारा सभा (Central Imperial Legislative Council) के सदस्य बने तथा 1905 में राष्ट्रीय कांग्रेस के अध्यक्ष।

प्राथमिक शिक्षा पर प्रस्ताव

भारत में प्राथमिक शिक्षा के क्षेत्र में सबसे पहले बड़ौदा के महाराजा ने पहल की। 1892 में उन्होंने अपने राज्य में गाँवों में प्राथमिक स्तर पर अनिवार्य तथा नि:शुल्क प्राथमिक शिक्षा की योजना लागू की। इस सफलता को देख कर 52 गाँवों में लागू की। तत्पश्चात् 1906 में अपने सम्पूर्ण राज्य में।

गोपाल कृष्ण गोखले भी इस कार्य से बहुत प्रभावित हुए।

केन्द्रीय धारा सभा के सदस्य के रूप में 19 मार्च 1910 को गोखले ने यह प्रस्ताव रखा, "यह सभा सिफारिश करती है कि सम्पूर्ण देश में प्राथमिक शिक्षा को नि:शुल्क एवं अनिवार्य बनाने का कार्य आरम्भ किया जाए और इस सम्बन्ध में निश्चित प्रस्तावों को प्रस्तुत करने के लिए सरकारी तथा गैर-सरकारी अधिकारियों का एक संयुक्त आयोग शीघ्र ही नियुक्त किया जाए।"

इस प्रस्ताव को प्रस्तुत करने का प्रमुख कारण यह था कि भारत में प्राथमिक शिक्षा की दयनीय दशा देखकर गोखले का हृदय द्रवित हो गया। उनका विश्वास था "यह बात स्पष्ट है कि एक अशिक्षित तथा अज्ञानी राष्ट्र कदापि वास्तविक उन्नति नहीं कर सकता है और जीवन की दौड़ में अवश्य पीछे रह जाएगा।"

उस समय देश में केवल 6 प्रतिशत साक्षरता थी और प्राथमिक शिक्षा को प्राप्त करने योग्य बालकों में से केवल 23.8 प्रतिशत बालक और 2.7 प्रतिशत बालिकाएँ इस शिक्षा से लाभ उठा रहे थे। अत: गोखले ने प्रस्ताव में निम्नलिखित सुझाव दिए–

1. जिन क्षेत्रों में 33 प्रतिशत बालक शिक्षा प्राप्त कर रहे हैं उनमें 6 से 10 वर्ष तक आयु के बालकों के लिए शिक्षा नि:शुल्क एवं अनिवार्य कर दी जाए।
2. प्राथमिक शिक्षा का व्यय स्थानीय संस्थाएँ तथा सरकार 1:2 के अनुपात से वहन करें।
3. प्राथमिक शिक्षा की देखभाल के लिए एक मन्त्री की नियुक्ति की जाए।
4. बजट में प्रतिवर्ष शिक्षा की प्रगति का स्पष्ट वर्णन किया जाए।
5. केन्द्र में प्राथमिक शिक्षा के लिए एक पृथक् विभाग स्थापित किया जाए जो प्राथमिक शिक्षा के प्रसार के लिए एक योजना बनाए।

सरकार द्वारा प्रस्ताव पर विचार करने का आश्वासन मिलने पर गोखले ने उसे वापस ले लिया। सरकार ने 1910 में केन्द्र के अधीन एक शिक्षा विभाग स्थापित कर दिया, मन्त्री की नियुक्ति कर दी परन्तु प्राथमिक शिक्षा को नि:शुल्क एवं अनिवार्य बनाने के लिए कुछ नहीं किया।

गोखले का विधेयक (1911-12)

प्राथमिक शिक्षा के प्रति सरकार की उदासीनता देखकर गोखले ने 16 मार्च 1911 को केन्द्रीय धारा में अपना विधेयक रखा। विधेयक रखते हुए गोखले ने

कहा, "इस विधेयक का उद्देश्य देश की प्राथमिक शिक्षा प्रणाली में अनिवार्यता के सिद्धान्त को क्रमशः लागू करना है।"

विधेयक के प्रमुख तत्त्व

विधेयक के निम्न प्रमुख तथ्य थे–

1. अनिवार्य प्राथमिक शिक्षा उन्हीं स्थानों में लागू की जाए जहाँ पर एक निश्चित संख्या में बालक शिक्षा ग्रहण कर रहे हों। गवर्नर जनरल को अधिकार होगा कि वह यह प्रतिशत निश्चित करें।
2. सरकार की स्वीकृति के पश्चात् ही संस्थाएँ उक्त नियम को लागू कर सकती हैं स्वेच्छा से नहीं।
3. स्थानीय संस्थाओं को यह अधिकार होगा कि इस नियम को वह चाहे पूरे क्षेत्र में लागू करें अथवा किसी भाग में।
4. अनिवार्य प्राथमिक शिक्षा का नियम वहाँ लागू होगा जहाँ 6 से 10 वर्ष तक के बालकों के लिए प्राथमिक शिक्षा का प्रावधान हो सकता है।
5. नियम का उल्लंघन करने वाले अभिभावकों को दण्ड दिया जाएगा।
6. बालिकाओं के लिए भी धीरे-धीरे प्राथमिक शिक्षा अनिवार्य कर दी जाएगी।
7. स्थानीय संस्थाएँ यदि उचित समझें हैं तो वे शिक्षा सम्बन्धी कर भी लगा सकती हैं।
8. यदि अभिभावक की मासिक आय 100 रुपए से कम हो तो उस बालक से फीस न ली जाए।
9. व्यय के विषय में यह उल्लेख किया गया कि प्राथमिक शिक्षा का व्यय भार स्थानीय संस्थाओं और सरकार द्वारा उठाया जाए परन्तु सरकार कम से कम व्यय का 2/3 भाग वहन करें।

विधेयक को जनमत-संग्रह के लिए स्थानीय संस्थाओं, विश्वविद्यालयों एवं कुछ व्यक्तिगत संस्थाओं के पास भेजा गया। 17 मार्च 1912 को धारा सभा में विधेयक पर वाद-विवाद प्रारम्भ हुआ। दो दिन तक यह वाद-विवाद होता रहा। 19 मार्च 1912 को इसके पक्ष में 15 वोटें तथा विपक्ष में 38 वोटें मिलीं और यह बिल पास न हो सका। इस प्रकार गोखले प्राथमिक शिक्षा को अनिवार्य बनाने की चेष्टा में असफल हुए।

गोखले के विधेयक का प्रभाव

यद्यपि गोखले का विधेयक पास न हो सका परन्तु इस का प्रभाव बहुत पड़ा। गोखले के प्रयासों ने सरकार तथा जनता का ध्यान जन-शिक्षा की ओर आकर्षित किया। परिणामस्वरूप 1913 में सरकार ने अपनी शिक्षा नीति घोषित की।

गोखले के कार्य से प्रेरणा लेकर भारत के एक अन्य महान् नेता विट्ठल भाई पटेल ने बम्बई में एक विधेयक 1918 में प्रस्तुत किया जिसका उद्देश्य प्रान्त में नगरपालिका क्षेत्रों में प्राथमिक शिक्षा को अनिवार्य बनाना था। इस अधिनियम ने प्राथमिक शिक्षा के इतिहास में एक नवीन अध्याय प्रारम्भ किया।

इस उदाहरण का भारत के अन्य प्रान्तों में भी अनुकरण किया गया तथा कई स्थानों में प्राथमिक शिक्षा अनिवार्य कर दी गई।

इस संबंध में यह लिखना आवश्यक है कि केवल कानून पास करने से ही शिक्षा का प्रसार नहीं होता है उन्हें दृढ़तापूर्वक लागू किया जाना चाहिए। प्रान्त सरकारें इस दिशा में उदासीन रहीं। परिणामस्वरूप 1947 में प्रथम स्तर पर (कक्षा 1 से 8 तक) नामांकन 30 प्रतिशत से भी कम था।

8

सरकारी शिक्षा नीति प्रस्ताव 1913 तथा सैडलर आयोग 1917

(Government Resolution 1913 and Sadler Commission 1917)

भूमिका (Introduction)

यद्यपि गोखले द्वारा प्रस्तावित विधेयक पास न हो पाया, परन्तु इसने देश के वातावरण को शिक्षा के क्षेत्र को क्रान्तिमय बना दिया। 6 जनवरी, 1912 को इंग्लैण्ड के सम्राट जॉर्ज पंचम् भ्रमणार्थ आए हुए थे। उन्होंने कलकत्ता विश्वविद्यालय में जनता को अपना सन्देश देते हुए कहा–"मेरी यह इच्छा है कि सम्पूर्ण देश में स्कूलों और कॉलेजों का ताना-बाना फैल जाए, जहाँ से उद्योगों तथा कृषि और जीवन के समस्त व्यवसायों में कुछ कर दिखाने वाले, स्वामीभक्त, उपयोगी, विश्वसनीय एवं साहसी नागरिक शिक्षा प्राप्त करके निकलें।" फलतः सरकार ने अपनी नयी शिक्षा नीति की घोषणा 21 फरवरी 1913 को सरकार ने शिक्षा नीति प्रस्ताव पारित किया।

प्रस्ताव में यह मान लिया गया कि देश में निरक्षरता दूर करने में प्राथमिक शिक्षा का प्रसार आवश्यक है परन्तु सरकार के पास इतना धन तथा साधन नहीं हैं जिनसे प्राथमिक स्तर पर शिक्षा को अनिवार्य बना दिया जाए। सरकार ने घोषणा की कि शिक्षा को व्यावहारिक तथा अधिक उपयोगी बनाने के लिए प्रयास करेगी।

सरकारी शिक्षा नीति प्रस्ताव की मुख्य बातें (Main Points of Government Resolution on Education)

शिक्षा संबंधी आधारभूत सिद्धान्त

1. शिक्षा-संस्थाओं को बढ़ाने की अपेक्षा उनके शिक्षण-स्तर को ऊँचा उठाया जाए।
2. प्राथमिक एवं माध्यमिक शिक्षा के पाठ्यक्रमों को जीवनोपयोगी तथा व्यावहारिक रूप प्रदान किया जाए।
3. भारत में उच्च शिक्षा तथा अनुसंधान की व्यवस्था की जाए, जिससे छात्रों को विदेश जाए बिना यही पर्याप्त सुविधाएँ उपलब्ध हो जाएँ।

प्राथमिक शिक्षा संबंधी नीति

1. लोअर-प्राथमिक (Lower Primary) स्कूलों की संख्या बढ़ायी जाए।
2. लिखने-पढ़ने और गणित के अतिरिक्त ड्राइंग, प्रकृति-निरीक्षण एवं शारीरिक व्यायाम की शिक्षा दी जाए।
3. उपयुक्त स्थानों पर अपर-प्राथमिक (Upper Primary) स्कूलों की स्थापना की जाए और आवश्यकतानुसार लोअर-प्राइमरी स्कूलों को अपर-प्राइमरी स्कूलों में परिवर्तित कर दिया जाए।
4. जिला-परिषदों एवं स्थानीय संस्थाओं द्वारा अधिक स्कूल खोले जाएँ।
5. सम्भव हो सके तो वहाँ व्यक्तिगत स्कूलों की स्थापना को प्रोत्साहित किया जाए।
6. मकतबों तथा पाठशालाओं को उदारतापूर्वक सहायता-अनुदान दिया जाए।
7. व्यक्गित-स्कूलों के उत्तम प्रबन्ध तथा नियमित निरीक्षण की व्यवस्था की जाए।
8. भारत के अधिकांश भागों में ग्रामों एवं नगरों के स्कूलों के लिए विभिन्न पाठ्यक्रम निश्चित करना सम्भव नहीं था। फिर भी नगर-स्कूलों में भूगोल और पर्यटन आदि विषयों को बढ़ाया जा सकता है।

प्राथमिक स्कूलों के शिक्षकों संबंधी नीति

1. जिस वर्ग के छात्र हों, उसी वर्ग के शिक्षक नियुक्त किए जाएँ।
2. शिक्षक मिडिल पास और एक वर्ष प्रशिक्षण प्राप्त कर चुके हों।

3. शिक्षकों को ग्रीष्मावकाश में अपने ज्ञान को नवीन करने के लिए अल्पकालीन सेवारत शिक्षा की सुविधा दी जाए।
4. प्रशिक्षित शिक्षकों का वेतन 12 रुपये मासिक से कम न हो।
5. शिक्षकों को पदोन्नति, पैंशन अथवा प्रॉविडेण्ट फण्ड की व्यवस्था की जाए।
6. किसी भी कक्षा में अध्यापक के पास 50 से अधिक छात्र नहीं होने चाहिए।

माध्यमिक शिक्षा संबंधी नीति

1. सरकार माध्यमिक शिक्षा प्रसार का भी कुछ दायित्व सँभाले।
2. राजकीय स्कूलों में सुधार करके उनको आदर्श बनाने का प्रयास किया जाए।
3. राजकीय स्कूलों की संख्या में वृद्धि न की जाए।
4. गैर-सरकारी स्कूलों को उदारतापूर्वक सहायता-अनुदान देकर प्रोत्साहित किया जाए।
5. हाई स्कूल के पाठ्यक्रम में इस प्रकार सुधार किया जाए कि वह स्वतः एक पूर्ण इकाई हो जाए।
6. पाठ्यक्रम में शारीरिक प्रशिक्षण एवं विज्ञान ऐसे आधुनिकतम विषयों को सम्मिलित किया जाए।
7. छात्रों को स्वास्थ्य-विज्ञान की शिक्षा दी जाए और उनके 'स्वास्थ्य-निरीक्षण' (Medical Examination) की व्यवस्था की जाए।
8. माध्यमिक विद्यालयों के छात्रों के लिए 'स्कूल फाइनल' परीक्षा की व्यवस्था की जाए और इसका प्रबन्ध विश्वविद्यालय द्वारा न किया जाकर, किसी अन्य संस्था द्वारा किया जाए।
9. इन विद्यालयों पर कड़ा नियन्त्रण रखा जाए, जिससे वे अपने कार्य-क्षमता में वृद्धि करें।
10. राजकीय स्कूलों के छात्रों के लिए छात्रावासों की उचित व्यवस्था की जाए।
11. राजकीय स्कूलों में केवल प्रशिक्षित स्नातक अध्यापक नियुक्त किए जाएँ।
12. शिक्षकों का निश्चित ग्रेड एवं वेतन हों। न्यूनतम वेतन 40 रुपया मासिक एवं उच्चतम 400 रुपया मासिक हो।

13. माध्यमिक विद्यालयों के शिक्षण-स्तर को ऊँचा उठाने के लिए प्रशिक्षण-महाविद्यालय स्थापित किए जाएँ।

विश्वविद्यालय एवं उच्च शिक्षा

1. विश्वविद्यालयों की दशा अच्छी नहीं है। अतः उनमें बहुत सुधार की आवश्यकता है।
2. भारत में अभी बहुत समय तक परीक्षा लेने वाले विश्वविद्यालयों की आवश्यकता रहेगी तथा उनकी प्रादेशिक सीमाओं को निश्चित कर देना आवश्यक है।
3. इस समय देश में 5 विश्वविद्यालय और 185 कॉलेज हैं। ये देश की आवश्यकताओं को पूर्ण करने में असमर्थ हैं। अतः विश्वविद्यालयों की संख्या में वृद्धि की जाए और प्रत्येक प्रान्त में एक विश्वविद्यालय स्थापित किया जाए।
4. विश्वविद्यालयों का कार्य बहुत बढ़ गया है। अतः उन्हें हाई स्कूलों को मान्यता प्रदान करने के कार्य से मुक्त कर दिया जाए। यह कार्य प्रान्तीय सरकारी और देशी राज्यों को सौंप दिया जाए।
5. विश्वविद्यालयों में औद्योगिक विषयों की शिक्षा और अनुसंधान कार्य की व्यवस्था की जाए।
6. ऐसे विश्वविद्यालयों की स्थापना पर जोर दिया जाए, जो शिक्षण-कार्य करना चाहते हों।
7. विश्वविद्यालयों में पुस्तकालयों, छात्रावासों और प्रयोगशालाओं की व्यवस्था की ओर विशेष ध्यान दिया जाए।
8. विश्वविद्यालयों में विद्यार्थियों के चरित्र-निर्माण और सामाजिक, नैतिक एवं बौद्धिक शक्तियों के विकास का वातावरण उपस्थित किया जाए।

1913 शिक्षा नीति प्रस्ताव का मूल्यांकन (Evaluation of 1913 Resolution)

1913 शिक्षा नीति प्रस्ताव में शिक्षा के सभी स्तरों पर सुधार पर बल दिया गया तथा उचित कार्यान्वयन पर बल दिया गया। परन्तु 1914 में प्रथम महायुद्ध के आरम्भ होने से सिफारिशों तथा दिशा निर्देशों पर कोई कार्यवाही न की जा सकी।

सैडलर आयोग 1917 अथवा कलकत्ता विश्वविद्यालय आयोग (Sadlar Commission 1917 or Calcutta University Commission)

कलकत्ता विश्वविद्यालय आयोग 1917 की नियुक्ति तथा जाँच का क्षेत्र (Appointment of Calcutta University Commission and Its Terms of Reference)

सन् 1917 में कलकत्ता विश्वविद्यालय से सम्बन्धित समस्याओं की जाँच करने तथा उनका समाधान करने के लिए कलकत्ता विश्वविद्यालय आयोग की नियुक्ति की गई। इस आयोग के अध्यक्ष लीड्स विश्वविद्यालय के उपकुलपति डॉ. माइकल सैडलर थे। इसलिए इसे सैडलर आयोग भी कहा जाता है।

आयोग का कार्य मुख्यतः कलकत्ता विश्वविद्यालय की स्थिति की जाँच करना था। किन्तु इसने अन्य विश्वविद्यालयों की स्थिति की भी जाँच की। उच्च शिक्षा के अतिरिक्त आयोग ने माध्यमिक शिक्षा के सुधार के लिए भी सुझाव दिए।

सैडलर आयोग की मुख्य संतुतियाँ (Main Recommendations of the Sadler Commission)

कलकत्ता विश्वविद्यालय सम्बन्धी सुझाव

कलकत्ता विश्वविद्यालय से सम्बन्धित आयोग ने निम्न संस्तुतियाँ दीं–

1. कलकत्ता नगर के सभी कॉलेजों का संगठन इस प्रकार से किया जाए कि वे एक शिक्षण विश्वविद्यालय का रूप धारण कर लें।
2. शीघ्र से शीघ्र ढाका में एक सावास-शिक्षण विश्वविद्यालय की स्थापना की जाए।
3. कलकत्ता नगर के आसपास के कॉलेजों को इस प्रकार संगठित किया जाए कि एक शिक्षण विद्यालय का निर्माण हो सके।

कलकत्ता विश्वविद्यालय के अतिरिक्त अन्य विश्वविद्यालयों संबंधी सुझाव

1. सरकारी नियंत्रण की कठोरता ने विश्वविद्यालयों की स्वतन्त्रता को

पूर्णत: समाप्त कर दिया है, अत: सरकार को अपना नियन्त्रण ढीला कर देना चाहिए।

2. 'सीनेट' के स्थान 'प्रतिनिधि अदालत' तथा 'सिंडिकेट' के स्थान पर 'कार्यकारिणी समिति' का प्रत्येक विश्वविद्यालय में गठन किया जाए। इनमें अध्यापकों को भी प्रतिनिधित्व दिया जाए।
3. उप-कुलपति का पद वैतनिक कर दिया जाए।
4. प्रत्येक विश्वविद्यालय में 'एकेडेमिक कौन्सिल' का गठन किया जाए जो परीक्षा, पाठ्यक्रम, अनुसंधान आदि की देख-रेख करे।
5. मुसलमानों को उच्च शिक्षा प्राप्त करने के लिए विशेष रूप से प्रोत्साहित किया जाए।
6. प्रत्येक विश्वविद्यालय में वैज्ञानिक विषयों का प्रयोगात्मक रूप से शिक्षण किया जाए।
7. औद्योगिक तथा व्यावसायिक शिक्षा पर पर्याप्त ध्यान दिया जाये।
8. विश्वविद्यालयों में "पास कोर्स" के अलावा "ऑनर्स कोर्स" भी शुरू कर दिया जाना चाहिए।
9. स्नातकों का पाठ्यक्रम 3 वर्ष का कर दिया जाना चाहिए।
10. विश्वविद्यालयों में कृषि, कानून, डॉक्टरी, अध्यापन, इंजीनियरिंग आदि की शिक्षा की उचित व्यवस्था की जानी चाहिए।
11. विश्वविद्यालयों में अरबी, फारसी और संस्कृत के अध्ययन की सुविधा प्रदान की जानी चाहिए।
12. छात्रों के स्वास्थ्य की देखभाल करने के लिए प्रत्येक विश्वविद्यालय में "शारीरिक प्रशिक्षण" की नियुक्ति की जानी चाहिए।

माध्यमिक शिक्षा संबंधी आयोग के विचार

माध्यमिक शिक्षा में दोष

1. माध्यमिक शिक्षा में अपेक्षाकृत गुणात्मक विकास पर्याप्त मात्रा में नहीं हुआ है।
2. माध्यमिक शिक्षा के क्षेत्र में सुयोग्य तथा प्रशिक्षित शिक्षकों का अभाव है।
3. अधिकांश माध्यमिक विद्यालयों में शिक्षण साधनों की कमी है।
4. माध्यमिक शिक्षा पर परीक्षाओं का बोझ है।

5. माध्यमिक शिक्षा दोहरे शासन में पिस रहा है। इस पर विश्वविद्यालय तथा शिक्षा विभाग दोनों का शासन रहता है।
6. माध्यमिक शिक्षा का स्तर गिर रहा है।

माध्यमिक शिक्षा के दोषों को दूर करने के लिए आयोग के सुझाव

1. विश्वविद्यालयों से इण्टरमीडिएट कक्षाएँ पृथक् कर दी जायें और इण्टरमीडिएट कक्षाओं के लिए पृथक् से इण्टरमीडिएट कॉलेज स्थापित किए जाएँ।
2. इण्टरमीडिएट कॉलेजों में कला, विज्ञान, इंजीनियरिंग आदि जीवनोपयोगी विषयों की शिक्षा दी जाए।
3. प्रत्येक प्रान्त में हाईस्कूल तथा इण्टरमीडिएट शिक्षा परिषद् का गठन किया जाए। यह परिषद् ही हाईस्कूल तथा इण्टरमीडिएट कॉलेजों का नियन्त्रण तथा संचालन करे। ये परिषदें शिक्षा विभाग के नियन्त्रण से मुक्त रहेंगी।
4. शिक्षण का माध्यम भारतीय भाषाएँ हों।

स्त्री शिक्षा संबंधी सुझाव

स्त्री शिक्षा को प्रोत्साहन प्रदान करने हेतु आयोग ने निम्नलिखित सुझाव प्रस्तुत किए–

1. किशोर बालिकाओं के लिए पर्दा विद्यालयों की स्थापना की जाए।
2. अध्यापिकाओं को प्रशिक्षण हेतु प्रोत्साहित किया जाए।
3. स्त्री शिक्षा की देख-रेख के लिए कोलकत्ता विश्वविद्यालय में एक 'स्पेशल बोर्ड ऑफ वीमेन्स एजूकेशन' का गठन किया जाए।

शिक्षक प्रशिक्षण संबंधी सुझाव

प्रशिक्षित अध्यापकों के अभाव को दूर करने की दृष्टि से आयोग ने निम्नांकित सुझाव दिए–

1. इण्टरमीडिएट तथा बी.ए. कक्षाओं में 'शिक्षा' विषय पढ़ाया जाए।
2. ढाका तथा कलकत्ता में शिक्षा विभाग खोल दिया जाए।
3. अध्यापकों को प्रशिक्षण प्राप्त करने हेतु प्रोत्साहित किया जाए।

औद्योगिक एवं व्यावसायिक शिक्षा

आयोग ने देश में औद्योगिक तथा व्यावसायिक शिक्षा की प्रगति के लिए निम्नलिखित सुझाव दिए–

1. प्रत्येक विश्वविद्यालय में वैज्ञानिक विषयों का प्रयोगात्मक रूप से शिक्षण किया जाए।
2. इण्टरमीडिएट कक्षाओं से ही व्यावसायिक शिक्षा प्रारम्भ कर देनी चाहिए।

आयोग की संस्तुतियों की समीक्षा (Review of Recommendations of the Commission)

भारत सरकार ने आयोग की लगभग सभी संस्तुतियाँ स्वीकार कीं। इस दिशा में अनेक रचनात्मक कदम उठाए गए । भारतीय विश्वविद्यालय अब केवल परीक्षा संस्थाएँ न रहकर शिक्षण तथा अनुसंधान के भी केन्द्र बन गए। आयोग के इस सुझाव की आलोचना की गई जिसके अनुसार कलकत्ता विश्वविद्यालय का संगठन इंग्लैण्ड के ऑक्स्फोर्ड तथा कैम्ब्रिज विश्वविद्यालयों जैसा बनाना था। भारतीय परिस्थितियों की इस दिशा में अवहेलना की गई। व्यावसायिक शिक्षा में भी उचित प्रगति न हो पाई।

आयोग की संस्तुतियों के प्रभाव से कई विश्वविद्यालयों की स्थापना हुई। शिक्षा का स्तर बढ़ा। माध्यमिक शिक्षा में भी तेजी से प्रगति आई। आयोग की संस्तुतियों के अनुसार स्त्री शिक्षा के क्षेत्र में सबसे अधिक प्रगति हुई।

अनेक स्थानों पर प्राथमिक शिक्षा को अनिवार्य कर दिया गया। पिछड़े वर्गो तथा क्षेत्रों जैसे हरिजनों, आदिवासी तथा पहाड़ी क्षेत्रों में शिक्षा की व्यवस्था की गई। आगामी तीस वर्षों तक इस आयोग की संस्तुतियों के अनुसार कार्य किया।

उपसंहार

आयोग की संस्तुतियों के महत्त्व पर प्रकाश डालते हुए, अरथर मेह्यू ने लिखा है–"कलकत्ता विश्वविद्यालय आयोग का प्रतिवेदन–सुझाव और सूचना का अनन्त स्रोत रहा है। भारतीय शिक्षा के इतिहास में इसका असीम महत्त्व है।"

9

हर्टाग कमेटी (1928)
(Hartog Committee 1928)

हर्टाग कमेटी की नियुक्ति
(Appointment of the Hartog Committee)

ब्रिटिश शासन के विरूद्ध भारतवासी आन्दोलन कर रहे थे। इस असंतोष को देखकर ब्रिटिश संसद ने 1927 में एक आयोग की नियुक्ति की जिसके अध्यक्ष जे.ए. साइमन थे। आयोग का कार्य भारत में प्रशासनिक सुधारों की जाँच करना था। आयोग के सातों सदस्य अंग्रेज थे। इस कारण इस आयोग के प्रति अत्यन्त रोष की लहर फैल गई। इस आयोग का स्थान-स्थान पर काले झण्डों से बहिष्कार किया गया। आयोग ने शिक्षा की समीक्षा करने के लिए एक कमेटी का गठन किया। कमेटी के अध्यक्ष सर फिलिप्स हर्टाग थे। यही कमेटी भारतीय शिक्षा के इतिहास में हर्टाग समिति के नाम से प्रसिद्ध है। इस कमेटी को सहायक कमेटी (Auxiliary Committe) भी कहा जाता है।

हर्टाग कमेटी के शब्दों में तत्कालीन शिक्षा की स्थिति
(Status of the Prevalent System of Education according to Hartog Committee)

"प्रारम्भिक शिक्षा में, जिसका उद्देश्य हमारे मत में साक्षरता और मताधिकार का समुचित प्रयोग सिखाना है, बहुत ज्यादा अपव्यय हो रहा है। जहाँ तक हमें मालूम हुआ है प्रारम्भिक विद्यार्थियों की संख्या में जितनी वृद्धि हुई है, साक्षरता उसी अनुपात में नहीं बढ़ी है क्योंकि प्रारम्भिक स्कूलों के बहुत ही थोड़े छात्र

कक्षा चार तक पहुँचते हैं, जिसमें पहुँचने पर ही साक्षरता प्राप्त होने की आशा की जा सकती है। एक तो आधुनिक ग्रामीण वातावरण और फिर देशी भाषाओं में उपयुक्त साहित्य के अभाव के कारण स्कूलों को छोड़ने के बाद छात्रों को साक्षर बनाये रखने की बहुत कम सुविधा रहती है। यथार्थ में साक्षरों के भी निरक्षर हो जाने की ही अधिक सम्भावना है।"

"लड़कियों की प्रारम्भिक शिक्षा में अपव्यय और भी अधिक है। स्त्रियाँ और पुरुषों में साक्षरता तथा शिक्षा की असमानता घटने के स्थान पर बढ़ रही है। धनियों तथा निर्धनों में शिक्षितों के अनुपात की असमानता में भी वृद्धि हो रही है।"

"माध्यमिक शिक्षा में कुछ मामलों में प्रगति हुई है, जैसे अध्यापकों की योग्यता, उनकी दीक्षा और नौकरी की परिस्थितियों में सुधार और माध्यमिक स्कूलों के कार्य-क्षेत्र में अभिवृद्धि। परन्तु इसके संगठन में बड़े दोष हैं। माध्यमिक शिक्षा का उद्देश्य अब भी विश्वविद्यालयों में प्रवेश पाना ही है। प्रवेशिका तथा विश्वविद्यालयों की परीक्षा में बहुत-से असफल विद्यार्थियों को देखकर इस क्षेत्र के अपव्यय का अनुमान होता है। जो थोड़ा-बहुत व्यावसायिक ज्ञानार्जन का प्रबन्ध है, उसका शिक्षा-संगठन से सीधा सम्बन्ध नहीं है, अतः वह भी अधिकतर असफल है।"

"अनेक विश्वविद्यालयों तथा कॉलेजों की शिक्षण-विधियों और अनुसंधान में उन्नति हुई। उनमें अब पहले से कहीं अधिक सामाजिक जीवन का प्रबन्ध भी है। किन्तु भारतवर्ष में यह विश्वास अब भी प्रचलित है कि विश्वविद्यालयों का मुख्य उद्देश्य परीक्षाएँ पास कराना है। हमारी इच्छा है कि विश्वविद्यालय सहिष्णु, आत्मविश्वासी तथा उदार नागरिकों के निर्माण को अपना मुख्य कार्य मानें। जो विश्वविद्यालयों की शिक्षा से समुचित लाभ उठाने में अयोग्य हैं उन छात्रों की भरमार से विश्वविद्यालयों के काम में बहुत अड़चन पड़ती है, अतः छात्रों को छाँटकर भर्ती करना चाहिए।"

तालिका : छात्रों की शैक्षिक संस्थाओं में संख्या (1917-1927)

शिक्षा संस्था/कक्षाएँ	*छात्र संख्या* *1917*	*1927*	*विकास %*
1. कॉलेजों तथा विश्वविद्यालय	57972	83890	45
2. हाई स्कूल कक्षाएँ	216160	236781	10
3. मिडिल स्कूल कक्षाएँ	3853200	631490	64
4. प्रारम्भिक स्कूल कक्षाएँ	6404201	9247657	44.4

हर्टाग कमेटी की संस्तुतियाँ (Recommendations of Hartog Committee)

कमेटी के अपने शब्दों में, "हमें शिक्षा के संगठन के विषय में रिपोर्ट देने के लिए कहा गया था। इस संगठन के प्रत्येक पक्ष पर पुनर्विचार करने एवं उसको शक्तिशाली बनाने की आवश्यकता है। शिक्षा के संगठन के लिए जो संस्थाएँ उत्तरदायी हैं, उनके सम्बन्धों को पुन: निर्धारित करना अनिवार्य है।"

कमेटी ने शिक्षा व्यवस्था के तीनों स्तरों अर्थात् प्राथमिक, माध्यमिक तथा विश्वविद्यालय पर अपने सुझाव दिए।

प्राथमिक शिक्षा पर कमेटी के सुझाव

कमेटी ने यह स्वीकार किया कि यद्यपि प्राथमिक स्तर पर शिक्षा का विस्तार हुआ है तथापि सन्तोषप्रद नहीं है। कमेटी ने इसके दो मुख्य कारण बताए–

1. अपव्यय (Wastage)।
2. अवरोधन (Stagnation)।

अवरोधन तथा अपव्यय

अपव्यय का अर्थ (Meaning of Wastage)

"अपव्यय से हमारा अभिप्राय है–प्राथमिक शिक्षा पूर्ण होने से पहले बालकों को स्कूल की किसी भी कक्षा से हटा लेना।"

अवरोधन का अर्थ (Meaning of Stagnation)

"अवरोधन" से हमारा अभिप्राय है–किसी बालक को किसी निम्न कक्षा में एक वर्ष से अधिक अवधि के लिए रोका जाना।"

"अपव्यय" व "अवरोधन" के कारण (Causes of Wastage and Stagnation)

कमेटी के विचार में अपव्यय और अवरोधन के मुख्य कारण अधोलिखित थे–

1. अभिभावकों की निर्धनता के कारण बच्चों का अपनी शिक्षा बीच में छोड़ देना।

2. स्कूल छोड़ने के बाद भी बच्चों को अपने ज्ञान को बनाये रखने के लिए उचित वातावरण उपलब्ध नहीं होता। फलत: उन्होंने जो कुछ भी सीखा होता था उसे वे भूल जाते हैं।
3. ग्रामीण क्षेत्रों में प्रौढ़ शिक्षा की व्यवस्था का अभाव।
4. स्कूलों का अनाकर्षक वातावरण होता है।
5. नीरस शिक्षण विद्याओं का होना।
6. अधिकांश स्कूलों में अध्यापकों का अभाव होने से स्कूलों में शिक्षकों की अपर्याप्त संख्या होने से छात्रों की आवश्यक देखभाल करने में असमर्थ होना।
7. प्राथमिक विद्यालयों के भवन दोषयुक्त होना। उनमें पर्याप्त स्थान का अभाव।
8. धार्मिक तथा जातीय भेदभाव के कारण बच्चों का दूसरे धर्म अथवा जाति द्वारा संचालित स्कूलों में न जाना।
9. स्कूलों का वितरण वैज्ञानिक न होना। कहीं-कहीं पर बहुत दूर-दूर स्कूल तो कहीं-कहीं एक छोटे से क्षेत्र में अनेक स्कूल।
10. कहीं-कहीं भाषा की समस्या का होना।
11. रुढ़िवादी अभिभावकों का या तो बालिकाओं की शिक्षा के प्रति उदासीन रहना है या उन्हें बालकों के साथ पढ़ाने में हिचकिचाना। उनका पृथक् विद्यालयों के समर्थक होना। बालकों का अपने माता-पिता को कार्य में सहायता देना। अत: उन्हें स्कूल जाने से बहुधा रोका जाना।
12. प्रत्येक ग्राम में प्राथमिक विद्यालय का न होना। बालकों को एक ग्राम से दूसरे ग्राम में स्थित विद्यालय को जाने में असुविधा और कठिनाई का होना।
13. प्राथमिक विद्यालयों में जो शिक्षक कार्य कर रहे हैं, उनमें प्रशिक्षण और आवश्यक योग्यता का अभाव होना।
14. प्राथमिक विद्यालयों में उपयुक्त शिक्षण-सामग्री और पर्याप्त स्थान के अभाव का होना।
15. प्राथमिक विद्यालयों का पाठ्यक्रम दोषपूर्ण होना।
16. ग्राम-विद्यालयों के लिए अध्यापकों का कठिनता से उपलब्ध होना। जहाँ तक अध्यापिकाओं का प्रश्न है, उनकी उपलब्धि और भी कठिन।

17. अध्यापकों के अभाव के कारण कुछ विद्यालयों का नियमित रूप से न चलना।
18. अधिकांश प्राथमिक स्कूलों में एक ही अध्यापक का होना जिसे सब विषयों को पढ़ाना।
19. ग्रामीण जनता का अशिक्षित होने के कारण शिक्षा के महत्त्व को न समझना। अतः बालकों को विद्यालय भेजना व्यर्थ समझना।

अपव्यय तथा अवरोधन को रोकने के सुझाव तथा सिफारिशें (Suggestions and Recommendations in Preventing Wastage and Stragnation)

अपव्यय और अवरोधन के कारणों को दूर करने और प्राथमिक शिक्षा की उन्नति करने के लिए निम्नलिखित विचार व्यक्त किए–

1. प्राथमिक स्कूलों की संख्यात्मक वृद्धि की अपेक्षा गुणात्मक उन्नति पर बल दिया जाना चाहिए।
2. प्राथमिक शिक्षा को सुदृढ़ बनाने की नीति का अनुसरण किया जाए।
3. उन विद्यालयों को जो छोटे हैं, जिनमें छात्रों की संख्या कम है और जिनमें शिक्षण की उचित व्यवस्था नहीं है, उनको समाप्त कर दिया जाए।
4. प्राथमिक स्कूलों में शिक्षा की अवधि कम-से-कम 4 वर्ष की जाए और उनके शिक्षण-स्तर का उन्नयन किया जाए।
5. प्राथमिक स्कूलों के पाठ्यक्रम को उदार एवं व्यावहारिक और वातावरण एवं परिस्थिति के अनुकूल बनाया जाए।
6. प्राथमिक स्कूलों के शिक्षण का समय, छुट्टियों और अन्य कार्यक्रमों को स्थानीय ऋतुओं और आवश्यकताओं के अनुसार निश्चित किया जाए।
7. प्राथमिक स्कूलों की निम्नतम कक्षा के प्रति विशेष ध्यान दिया जाना चाहिए और उसमें होने वाले "अपव्यय" एवं "अवरोधन" का निराकरण करने के लिए पूर्ण प्रयास किया जाए।
8. प्राथमिक स्कूलों में अध्ययन करने वाले छात्रों में स्वच्छता, स्वास्थ्य, सहकारिता, आत्म-विश्वास आदि गुणों का विकास किया जाए।

9. प्राथमिक स्कूलों को मनोरंजन, ग्राम-सुधार, वयस्क-शिक्षा और साधारण चिकित्सा के केन्द्र बनाया जाए।
10. शिक्षकों के शिक्षण-स्तर का उन्नयन करने के लिए, उनके प्रशिक्षण-काल में वृद्धि की जाए।
11. शिक्षकों के वेतन में वृद्धि और उनकी कार्य करने की दशाओं में सुधार करके, योग्य व्यक्तियों को शिक्षण-कार्य के प्रति आकृष्ट किया जाए।
12. प्रशिक्षण-विद्यालयों में सुधार किया जाना चाहिए और उनमें "अभिभावकों-पाठ्यक्रमों" की योजना आरम्भ की जाए।
13. स्कूलों की निरीक्षण प्रणाली को वैज्ञानिक रूप प्रदान किया जाए।
14. स्कूल भवन तथा शिक्षण विधियों को आकर्षक तथा सरस बनाया जाए।
15. प्राथमिक शिक्षा को पूर्णतया स्थानीय संस्थाओं पर न छोड़ा जाए।

माध्यमिक शिक्षा संबंधी हर्टाग कमेटी की संस्तुतियाँ

हर्टाग कमेटी ने माध्यमिक शिक्षा के दो प्रमुख दोष बताए–

1. मेट्रीकुलेशन परीक्षा की प्रधानता,
2. अनुत्तीर्ण होने वाले छात्रों की विशाल संख्या।

माध्यमिक शिक्षा को इन दोषों से मुक्त करने के लिए निम्नांकित सुझाव दिए–

1. मिडिल स्कूलों का पाठ्यक्रम इतना संकीर्ण है कि उसका अध्ययन करने के पश्चात् छात्र किसी भी जीवनोपयोगी कार्य को नहीं कर सकते। अतः पाठ्यक्रम का विस्तार किया जाए। उनमें इस प्रकार के विषयों को स्थान दिया जाए, जो छात्रों को धन का उपार्जन करने में सहायता दे।
2. मिडिल स्कूल का पाठ्यक्रम समाप्त करने के पश्चात् छात्रों की परीक्षा ली जाए और उसमें उत्तीर्ण होने वाले छात्रों को उन उद्योगों एवं व्यवसायों की शिक्षा दी जाए, जिनके लिए उनको उपयुक्त समझा जाए।
3. हाईस्कूल के पाठ्यक्रम में औद्योगिक एवं व्यावसायिक विषयों का समावेश किया जाए और छात्रों को उनका अध्ययन करने के लिए प्रेरित किया जाए।

4. हाईस्कूल के पाठ्यक्रम में इस प्रकार के वैकल्पिक विषयों का समावेश किया जाए, जिनसे छात्रों को लाभ हो और जिनका चयन वे अपनी व्यक्तिगत रुचियों के अनुसार कर सकें।
5. शिक्षा के स्तर का उन्नयन करने के लिए अध्यापकों के प्रशिक्षण की उपयुक्त व्यवस्था की जाए।
6. प्रशिक्षण-विद्यालयों की वर्तमान स्थिति में सुधार करने, उनमें शिक्षण की नवीनतम विधियों का प्रयोग किया जाए।
7. प्रशिक्षण-विद्यालयों में स्कूलों के अध्यापकों के लिए "अभिनवन-पाठ्यक्रम" (Refresher Courses) की योजना आरम्भ की जाए।
8. शिक्षकों के वेतन और सेवा की शर्तों में सुधार करके, शिक्षा की गुणात्मक उन्नति के कार्य को सफल बनाया जाए।
9. इस समय गैर-सरकारी स्कूलों में शिक्षकों की नियुक्ति 9 माह के लिए की जाती है, ताकि स्कूलों के प्रबन्धक ग्रीष्मावकाश का वेतन बचा लें। इसके अलावा शिक्षक और प्रबन्धक के मध्य किसी प्रकार का लिखित संविदा (Agreement) नहीं होता है। अतः शिक्षक को अल्प समय का नोटिक देकर अपने पद से हटा दिया जाता है। इन सब दोषों को दूर करके शिक्षक के पद को सुरक्षित बनाया जाए।

विश्वविद्यालय शिक्षा संबंधी हर्टाग कमेटी की सिफारिशें

विश्वविद्यालयों में दोष

हर्टाग कमेटी ने विश्वविद्यालय शिक्षा में निम्न दोष बताए-

1. ऑनर्स पाठ्यक्रम की अनुपयुक्त व्यवस्था।
2. फेल होने वाले छात्रों की संख्या में वृद्धि।
3. स्नातकों में बढ़ती हुई बेरोजगारी।
4. उपयुक्त पुस्तकालयों का अभाव।
5. प्रयोगशालाओं में उपकरणों आदि की कमी।

विश्वविद्यालयों में सुधार के उपाय

हर्टाग कमेटी ने विश्वविद्यालय शिक्षा को उक्त दोषों से रहित करने के विचार से निम्नलिखित सुझाव दिए-

1. विश्वविद्यालयों के शिक्षा-स्तर का उन्नयन किया जाए।
2. उच्च शिक्षा प्रदान करने के लिए शिक्षण एवं एकात्मक (Teaching & Unitary) विश्वविद्यालय सर्वोत्तम होते हैं। परन्तु, भारत की परिस्थितियों को देखते हुए, अभी सम्बद्धक (Affiliating) विश्वविद्यालयों की पर्याप्त समय तक आवश्यकता रहेगी। अतः देश में दोनों प्रकार के विश्वविद्यालयों को प्रोत्साहन दिया जाए।
3. विश्वविद्यालयों में प्रवेश करने के नियमों को कड़ा बनाया जाए और उनमें केवल उन्हीं छात्रों को प्रवेश दिया जाए जो उच्च शिक्षा ग्रहण करने की योग्यता रखते हों।
4. विश्वविद्यालयों में सुसज्जित प्रयोगशालाओं, उत्तम पुस्तकालयों और उच्च कोटि के अनुसंधान-कार्यों की अनिवार्य रूप से उचित व्यवस्था की जाए।
5. विश्वविद्यालयों में "ऑनर्स कोर्सों" के शिक्षण का उपयुक्त प्रबंध किया जाए "पास कोर्स" से पृथक् रखा जाए। "ऑनर्स कोर्स" की सफलता के लिए विश्वविद्यालय और उससे सम्बद्ध कॉलेजों के शिक्षकों पर सम्मिलित उत्तरदायित्व डाला जाए।
6. स्नातकों की बढ़ती हुई बेरोजगारी की समस्या का हल करने के लिए, विश्वविद्यालयों में औद्योगिक शिक्षा के पाठ्यक्रम का प्रचलन किया जाए। इस शिक्षा को प्राप्त करने वाले विद्यार्थियों को सरकार द्वारा नौकरियाँ दी जाएँ।
7. स्नातकों को अपनी योग्यता के अनुकूल नौकरियाँ प्राप्त करने में सहायता देने के लिए, विश्वविद्यालयों में रोजगार के कार्यालयों (Employment Bureaus) की स्थापना की जाए।
8. विश्वविद्यालयों का एक महत्त्वपूर्ण उद्देश्य जनसाधारण में ज्ञान का विस्तार करना है। इस उद्देश्य की प्राप्ति के लिए विश्वविद्यालयों में व्याख्यानमालाओं की नियोजित रूप से योजना आरम्भ की जाए।

हर्टाग कमेटी का मूल्यांकन
(Evaluation of Hartog Committee's Recommendations)

हर्टाग कमेटी ने प्राथमिक स्तर पर दो दोषों, अर्थात् अपव्यय तथा अवरोधन, पर विस्तारपूर्वक प्रकाश डाला तथा सरकार और शिक्षा से संबंधित वर्गों का ध्यान

इस ओर आकृष्ट किया। आज के सन्दर्भ में भी इन दोषों की चर्चा में हर्टाग कमेटी का स्मरण होता है। यह अत्यन्त खेद का विषय है कि हर्टाग कमेटी के सुझावों पर पर्याप्त बल नहीं दिया गया। स्थिति आज भी उतनी ही गम्भीर है, जितनी उस समय थी।

आमतौर पर हर्टाग कमेटी के शिक्षा के गुणात्मक सुझाव की भारतीयों ने निन्दा की क्योंकि वह संख्यात्मक विकास चाहते थे। वे देश में साक्षरता की बढ़ोतरी चाहते थे।

दूसरी ओर कुछ शिक्षाविदों का कहना है कि शिक्षा में गुणात्मक संबंधी सुझाव भारत के हित में थे।

1930-31 में विश्वभर में आर्थिक संकट आया तथा परिणामस्वरूप भारत भी आर्थिक संकट से गुजरा। शिक्षा पर उचित मात्रा में व्यय नहीं किया जा सका।

चूंकि साइमन कमीशन का भारतीयों ने बहिष्कार किया था इस कारण इस कमेटी की सिफारिशों को भी उसी दृष्टिकोणों से लिया गया।

10

वर्धा शिक्षा योजना/बेसिक शिक्षा/बुनियादी शिक्षा/नई तालीम (1937)

(Wardha Scheme of Education/Basic Education/Buniyadi Shiksha/Nai Talim, 1937)

वर्धा शिक्षा योजना का अर्थ
(Meaning of Wardha Scheme of Education)

वर्धा शिक्षा योजना वह शिक्षा योजना है जिसका सूत्रपात महाराष्ट्र के वर्धा नगर में महात्मा गाँधी द्वारा बुलाए गए राष्ट्रीय कार्यकर्त्ताओं से शिक्षा संबंधित सम्मेलन में हुआ तथा जिसकी विस्तृत रूपरेखा जाकिर हुसैन कमेटी द्वारा बनाई गई। यह सम्मेलन अक्तूबर 1937 में सम्पन्न हुआ था तथा कमेटी की रिपोर्ट मार्च 1938 में प्रकाशित हुई। इस रिपोर्ट को भारतीय राष्ट्रीय कांग्रेस के हरिपुरा सम्मेलन द्वारा, जो उसी मास में हुआ, स्वीकृति मिली।

वर्धा शिक्षा योजना का आधार शिक्षा को बनाना था। राष्ट्रीय जीवन से जोड़ना था तथा इसे स्वावलम्बी बनाना था। शिक्षा द्वारा गाँधी जी देश में अहिंसात्मक क्रान्ति लाना चाहते थे। वे एक महान् राजनायिक, स्वतन्त्रता सेनानी, समाजसेवक, चिन्तक एवं उच्च कोटि के शिक्षाशास्त्री थे। उनका दृढ़ विश्वास था कि शिक्षा ही एक ऐसा माध्यम है जिससे भारतीय समाज के सभी वर्ग उन्नति कर सकते हैं। शिक्षा के विभिन्न पक्षों पर गहन चिन्तन किया। शिक्षा पर अनेक लेख लिखे तथा पुस्तकें भी लिखीं। देश के प्रमुख शिक्षाविदों से विचार-विमर्श किया। अन्त में शिक्षा पद्धति को एक नई दिशा देने के प्रयास किए।

वर्धा शिक्षा योजना/बेसिक शिक्षा/बुनियादी शिक्षा/नई तालीम (1937)

मैकॉले द्वारा प्रतिपादित अंग्रेजी शिक्षा प्रणाली के दोष तथा वर्धा शिक्षा योजना का प्रतिपादन

(Defects of Macaulay's British System of Education and Formulation of Wardha Education System)

गाँधी जी का विश्वास था कि अंग्रेजों द्वारा प्रचलित की गई शिक्षा प्रणाली देश के अनुकूल नहीं थी। उन्होंने लिखा–"मुझे इस बात का निश्चय हो चुका है कि शिक्षा की वर्तमान प्रणाली केवल व्यर्थ ही नहीं, बल्कि निश्चित रूप से हानिकारक है। बहुत से लड़के अपने माता-पिता तथा व्यवसाय को त्याग देते हैं, जहाँ वे उत्पन्न हुए थे। वे बुरी आदतें ग्रहण करते हैं, शहरी रंग-ढंग से प्रभावित होते हैं और किसी वस्तु का थोड़ा सा ज्ञान प्राप्त करते हैं, जो शिक्षा के अतिरिक्त कुछ भी हो सकता है।" गाँधी जी ने जोर देकर कहा–'शिक्षा का वर्तमान ढाँचा किसी भी रूप में देश की आवश्यकताओं को पूरा नहीं करता। उच्च शिक्षा के सभी क्षेत्रों में अंग्रेजी को माध्यम बना दिया गया है, जिससे थोड़े से अधिक शिक्षित व अनेक अशिक्षित लोगों के बीच स्थायी अंतर आ गया है। व्यावसायिक प्रशिक्षण न होने से शिक्षित वर्ग किसी उत्पादक कार्य के अयोग्य हो गया है। इससे उन्हें शारीरिक रूप से भी नुकसान पहुँचा है। प्राथमिक शिक्षा पर व्यय किया गया धन सर्व व्यर्थ है; क्योंकि जो कुछ थोड़ा पढ़ाया जाता है, वह शीघ्र भुला दिया जाता है और ग्रामों तथा शहरों के लिए थोड़ा या बिल्कुल ही कोई मूल्य नहीं रहता अर्थात् इसका कोई महत्त्व नहीं होता।

गाँधी जी फिर लिखते हैं–"अब तक हम केवल बालकों के मस्तिष्कों में प्रत्येक प्रकार का ज्ञान भरने के लिए ही ध्यान देते रहे हैं और अब हमें यह बंद कर देना उचित होगा, तथा उन के समुचित विकास के लिए उचित शिक्षा की व्यवस्था करनी चाहिए।"

गाँधीजी के विचार में शिक्षा का अर्थ

(Views of Gandhi ji on Education)

"शिक्षा से मेरा अभिप्राय है, बालक और मनुष्य के शरीर, मस्तिष्क और आत्मा में पाए जाने वाले सर्वोत्तम गुणों का चतुर्मुखी विकास......साक्षरता ही अपने आप में शिक्षा नहीं है। अतः मैं बालक की शिक्षा का आरंभ उसे कोई उपयोगी उद्योग सिखाने के साथ करूँगा, ताकि वह अपने प्रशिक्षण के आरंभ करने से ही

कुछ उत्पादन कर सके। इस प्रकार प्रत्येक पाठशाला को आत्मनिर्भर बनाया जा सकता है। शर्त केवल यह है कि सरकार इन पाठशालाओं को स्थापित करने का भार अपने ऊपर ले।" गाँधी जी ने शिक्षा द्वारा भारत में आर्थिक एवं सामाजिक परिवर्तन लाने पर बल दिया।

गाँधीजी का विश्वास था कि इस प्रकार की शिक्षा प्रणाली द्वारा ही बालक के मस्तिष्क और आत्मा का विकास संभव है। प्रत्येक उद्योग की शिक्षा देनी है। यह मशीन भाँति नहीं ज़ैसा कि आजकल होता है, बल्कि वैज्ञानिक ढंग से वह शिक्षा दी जानी चाहिए। बालक को प्रत्येक क्रिया के 'क्यों और किसलिए' आदि का ज्ञान होना चाहिए। मानसिक प्रेरणा का साधन शारीरिक प्रशिक्षण होना चाहिए।

तत्कालीन शिक्षा प्रणाली के प्रमुख दोष (Major Defects of the Prevailing System of Education)

वर्धा शिक्षा पद्धति के जन्म के समय जो शिक्षा पद्धति चल रही थी, उसके प्रमुख दोष निम्नलिखित थे–

1. शिक्षा जीवन से दूर थी।
2. शिक्षा का आदर्श संकुचित था।
3. शिक्षा केवल सैद्धान्तिक थी।
4. सार्वभौमिक शिक्षा का अभाव था।
5. शिक्षा में व्यापक अपव्यय तथा अवरोधन था।
6. अनिवार्य शिक्षा का अभाव था।
7. प्राथमिक शिक्षा नि:शुल्क नहीं थी।
8. छात्र पुनः निरक्षर हो जाते थे।
9. शिक्षा छात्रों के एकांगी विकास पर बल देती थी।
10. शिक्षा में स्वावलम्बन का अभाव था।
11. शिक्षा वर्ग भेद को जन्म देने वाली थी।
12. शिक्षा में सामाजिकता तथा नागरिकता का अभाव था।
13. शिक्षा व्यक्ति को अपंग बनाने वाली थी।
14. शिक्षा में श्रम की महत्ता न थी।
15. गाँवों की समस्याओं के अनुसार शिक्षा नहीं थी।
16. शिक्षा में मातृभाषा की उपेक्षा की जाती थी।
17. शिक्षा मनोवैज्ञानिक सिद्धान्तों की अवहेलना करती थी।

18. स्त्री शिक्षा की उपेक्षा की जाती थी।
19. शिक्षा भारतीय संस्कृति की अवहेलना करती थी।

वर्धा सम्मेलन में गाँधीजी के भाषण के कुछ महत्त्वपूर्ण अंश (अक्तूबर 22, 23, 1937)

(Extracts from Gandhiji's Speech at Wardha Conference)

"जो विचार में आपके सामने रखना चाहता हूँ, उनको कहने का ढंग नया है, यद्यपि उन विचारों के सम्बन्ध में मेरा अनुभव पुराना है। मेरा प्रस्ताव प्रारम्भिक तथा कॉलेज-शिक्षा दोनों के बारे में है किन्तु प्रारम्भिक शिक्षा पर हमें अधिक ध्यान देना है। माध्यमिक शिक्षा को मैंने प्रारम्भिक शिक्षा के अंतर्गत मान लिया है क्योंकि ग्रामीणों के एक अंश ही को यह शिक्षा उपलब्ध है।"

"मेरा दृढ़ विचार है कि प्रारम्भिक शिक्षा के संगठन में अपव्यय ही नहीं है, अपितु वह निश्चित ही हानिकारक है। अधिकांश लड़के अपने अभिभावकों और खानदानी उद्योगों के काम के नहीं रह जाते। वे बुरी आदतें सीख जाते हैं, शहरवालों के ढंगों की नकल करते हैं और थोड़ी सी बातें पढ़ लेते हैं। यह सब और कुछ भी हो, शिक्षा नहीं है। अब प्रश्न यह उठता है कि प्रारम्भिक शिक्षा का स्वरूप केसा हो? मेरे विचार में व्यावसायिक अथवा हस्त-कलाओं द्वारा शिक्षा देने से ही सुधार सम्भव है। मुझे टॉल्स्टॉय-फार्म में अपने पुत्रों तथा अन्य बच्चों को लकड़ी तथा चमड़े के काम द्वारा पढ़ाने का अनुभव है।"

"मेरी योजना का उद्देश्य तथा कथित उदार शिक्षा के साथ केवल कुछ हस्तकलाएँ सिखाना ही नहीं है। मैं चाहता हूँ कि सम्पूर्ण शिक्षा किसी हस्तकला अथवा उद्योग के माध्यम से दी जावे। मध्यकाल में उद्योगों की शिक्षा उन्हीं में कुशलता प्राप्त करने के लिए थी, और बुद्धि को विकसित करने का कोई प्रयास न होता था। इसी कारण उन उद्योगों का ह्रास हो गया।"

"प्रायोगिक शिक्षा द्वारा किसी उद्योग के नियमों तथा कला को सिखाने और उसी के द्वारा सम्पूर्ण शिक्षा देने से ही सुधार होगा। तकली से कताई सिखाने में कपासों की किस्में, उनके लिए उपयुक्त भारतीय प्रान्तों में भूखण्ड, इस उद्योग के ह्रास का इतिहास, गणित आदि की शिक्षा भी निहित है। मैं तकली को विशेष स्थान देता हूँ क्योंकि यह उद्यम भारतवर्ष भर में सिखाया जा सकता है।...... 1920 ई. की रचनात्मक खादी-योजना ही से सात प्रांतों में कांग्रेसी मंत्रिमण्डल बने हैं, और उनकी सफलता भी इसे कार्यरूप देने पर निर्भर है।"

"प्रारम्भिक शिक्षा में सफाई, हाईजीन, भोजन इत्यादि के साधारण नियमों के ज्ञान के साथ ही लड़कों को अपना काम स्वयं करने तथा माता-पिता की सहायता करने की शिक्षा देना भी आवश्यक है। वर्तमान पीढ़ी के लड़के सफाई और स्वावलम्बन से अनभिज्ञ हैं तथा उनका स्वास्थ्य दुर्बल है। अतः मैं संगीत के साथ ड्रिल द्वारा अनिवार्य शारीरिक शिक्षा का हिमायती हूँ।"

"मेरी योजना के आलोचक कहते हैं कि मैं उदार शिक्षा का विरोधी हूँ। यह विचार मुझ से बहुत दूर है। मैं तो उदार शिक्षा देने का मार्ग दिखाना चाहता हूँ। .. ..यह भी कहा जाता है कि हम बच्चों के श्रम से बेजा लाभ उठाना चाहते हैं और इस पद्धति में बड़ा अपव्यय होगा (अर्थात् बहुतेरे बच्चे शिक्षा प्राप्त करने में असमर्थ रहेंगे। अनुभव इसे असत्य सिद्ध करता है। जहाँ तक बच्चों पर भार डालने अथवा उनके श्रम से बेजा लाभ उठाने का प्रश्न है, मैं पूछता हूँ कि क्या विपत्ति (बेकारी) से बचाना उन पर भार डालना है? तकली अच्छा खिलौना है, उत्पादक होने ही से क्या वह खिलौना नहीं रह जाता? बच्चे एक सीमा तक अपने माता-पिता के कारोबार में हाथ बँटाते ही हैं। अतः जब बच्चे सूत कातेंगे और कृषि-कार्यों में अपने माता-पिता की सहायता करेंगे तो उनमें यह भावना भी आ जाएगी कि वे अपने माता-पिता के ही नहीं हैं वरन् ग्राम तथा देश का भी उन पर अधिकार है और उन्हें उनका ऋण भी चुकाना चाहिए। यही एक मार्ग है। बच्चे शिक्षा-वितरण से आश्रित हो जायेंगे, किन्तु यदि वे अपने श्रम से अपनी शिक्षा का व्यय चुकावेंगे तो आत्मनिर्भर तथा साहसी होंगे। यही पद्धति हिन्दू, मुस्लिम, पारसी, ईसाई सभी के लिये होगी। लोग पूछते हैं कि मैं धार्मिक शिक्षा पर बल क्यों नहीं देता? मेरा कहना है कि मैं तो उन्हें स्वावलम्ब का व्यावहारिक धर्म सिखा रहा हूँ।"

"मेरी समझ में इस शिक्षा की कुशलता की कसौटी इसे स्वावलम्बी बनाना है। सात वर्ष के बाद बच्चों को अपनी शिक्षा पर किया गया व्यय चुका देना चाहिए और स्वयं कमाऊ बन जाना चाहिए।"

"कॉलेज-शिक्षा अधिकांशतया नगरों का प्रश्न है। मैं यह तो न कहूँगा कि प्रारम्भिक शिक्षा के समान यह भी पूर्णतया असफल सिद्ध हुई है किन्तु फिर भी फल यथेष्ट मात्रा में निराशाजनक हैं। एक भी ग्रैजुएट बेकार क्यों रहे?"

"यदि हम साम्प्रदायिक विद्वेष अन्तर्राष्ट्रीय झगड़ों को मिटाना चाहते हैं तो हमें नींव सुदृढ़ तथा शुद्ध रखनी चाहिए और उसके लिए नई पीढ़ी को मेरी योजना के अनुसार शिक्षा मिलनी चाहिए। इस योजना का आधार अहिंसा है। हमें अपने बच्चों को अपनी संस्कृति, अपनी सभ्यता और अपनी राष्ट्रीय प्रतिभा का यथार्थ प्रतिनिधि बनाना है। यह उन्हें स्वावलम्बी प्रारम्भिक शिक्षा दिये बिना असम्भव है।

यूरोप का आदर्श हमारे लिये अनुपयुक्त है क्योंकि वहाँ की सभ्यता हिंसा और बेजा लाभ उठाने (Exploitation) पर निर्धारित है। हम बेजा लाभ उठाने की बात न तो सोच सकते हैं और न सोचेंगे। अतः अहिंसा पर आश्रित शिक्षा के अतिरिक्त हमारे पास कोई चारा नहीं है।"

वर्धा सम्मेलन में पारित प्रस्ताव (Resolution Passed in Wardha)

1. राष्ट्र के प्रत्येक बच्चे को 7 वर्ष तक निःशुल्क एवं अनिवार्य शिक्षा प्रदान की जाए।
2. शिक्षा का माध्यम मातृभाषा हो।
3. इस सम्पूर्ण काल में शिक्षा किसी हस्तकला अथवा उत्पादक कार्य के माध्यम से दी जाए। अन्य विषय इस केन्द्रीय कार्य से संबंधित किए जाएँ। बच्चों की सभी योग्यताओं का विकास अथवा उनको दिया जाने वाला शिक्षण उनके पूर्ण वातावरण से संबंधित हो।
4. सम्मेलन को आशा है कि धीरे-धीरे शिक्षा की इस प्रणाली से शिक्षकों का वेतन निकलने लगेगा।

जाकिर हुसैन समिति 1937-38 की रिपोर्ट (Zakir Husain Committee Report)

जाकिर हुसैन समिति के नौ सदस्य थे। समिति ने बेसिक शिक्षा को उपयुक्त मानकर संस्तुतियाँ दीं।

जैसा कि पहले लिखा जा चुका है जाकिर हुसैन समिति के प्रतिवेदन को कांग्रेस के हरिपुरा अधिवेशन (Haripura Session) में रखा गया और उसमें स्वीकृति की मुहर लग गई। इस प्रकार देश ने इस समिति के प्रतिवेदन को स्वीकार कर लिया।

वर्धा शिक्षा योजना द्वारा स्वीकृत पाठ्यक्रम (Curriculum Adopted by Wardha Scheme of Education)

वर्धा शिक्षा योजना में नीचे लिखे पाठ्य-विषयों का समावेश किया गया है-

1. **हस्तोद्योग:** कातना, बुनना, गत्ते का काम, चमड़े का काम, काष्ठ-कर्म, फल-सब्जियाँ उगाना, खेतीबाड़ी अथवा स्थानीय भौगोलिक परिस्थितियों के अनुसार कोई भी अन्य हस्तोद्योग जिसमें शिक्षा देने की सम्भावनाएँ हों।
2. मातृभाषा।
3. सामाजिक अध्ययन (इतिहास, भूगोल तथा नागरिकशास्त्र)।
4. सामान्य विज्ञान (वनस्पति-ज्ञान, पशु-विज्ञान, शरीर-विज्ञान तथा स्वास्थ्य-विज्ञान का सम्मिलित पाठ्यक्रम)।
5. अंकगणित।
6. संगीत।
7. चित्रांकन।
8. हिन्दुस्तानी।
9. गृह-विज्ञान।

इस शिक्षा योजना के अनुसार पाँचवीं कक्षा तक सह-शिक्षा होगी। अतएव इस प्रक्रम तक बालकों और कन्याओं का पाठ्यक्रम एक-जैसा रहेगा। छठी कक्षा से पाठ्यक्रम में परिवर्तन आयेगा और कन्याओं के पाठ्यक्रम में गृह-विज्ञान को सम्मिलित कर लिया जाएगा।

समय सारणी (Time Table)

बुनियादी पाठशालाओं की दैनिक समय सारणी इस प्रकार है-

विषय	*समय*
1. हस्तोद्योग	3 घण्टे 20 मिनट
2. मातृभाषा	40 "
3. संगीत, चित्रांकन तथा अंकगणित	40 "
4. सामाजिक अध्ययन तथा सामान्य विज्ञान	30 "
5. शारीरिक शिक्षा	10 "
6. खेलकूद	10 "
	कुल समय = 5 घण्टे, 30 मिनट

वर्धा शिक्षा योजना के पाठ्यक्रम में कालान्तर में परिवर्तन (Changes in Curriculum of Wardha Education Scheme in Due Course)

समय-समय पर परिवर्तनों के पश्चात् निम्नलिखित पाठ्यक्रम अपनाया गया।

विषय	*समय*
1. शारीरिक क्रियाएँ	20 मिनट
2. मातृभाषा	40 मिनट
3. सामाजिक ज्ञान तथा सामाजिक विज्ञान	60 मिनट
4. कला	40 मिनट
5. गणित	20 मिनट
6. हस्तकला तथा उससे सम्बन्धित विषय	150 मिनट
कुल समय	330 = 5 ½ घण्टे

अन्य विवरण

(क) 8 वर्ष की अनिवार्य निःशुल्क शिक्षा–प्राथमिक स्तर 5 वर्ष और माध्यमिक स्तर 3 वर्ष का होगा।

(ख) शिक्षा का माध्यम मातृभाषा होगा।

(ग) हस्तकला शिक्षा का आधार होगा। हस्तकला के अतिरिक्त बालक के सामाजिक और भौतिक वातावरण का शिक्षा से सम्बन्ध स्थापित करना होगा।

(घ) परीक्षा का आधार दैनिक कार्य बनाया जाए।

(च) यथासम्भव पाठ्य-पुस्तकों के प्रयोग को समाप्त किया जाए।

(छ) सफाई, स्वास्थ्य, नागरिकता, खेल और मनोरंजन को शिक्षा में पर्याप्त स्थान दिया जाए।

वर्धा शिक्षा योजना की समीक्षा (Evaluation of Wardha Scheme of Education)

बुनियादी तालीम के मुख्य गुण (Chief Merits of Basic Education)

शिक्षा का आधार बुलन्द

बुनियादी तालीम बालक को शिक्षा का आधार मानती है इसलिए उसकी

आवश्यकता का अध्ययन करना और उसे उन्हें उपलब्ध कराना स्वीकार किया है। रूसो, पैस्टोलोजी, फ्रोबेल, हरबर्ट, ड्यूवी जैसे महान् शिक्षाशास्त्रियों ने भी शिक्षा में इस बात पर बल दिया है कि बच्चों की आवश्यकताओं और रुचियों को विशेष महत्त्व दिया जाए।

क्रिया द्वारा शिक्षा

क्रिया द्वारा शिक्षा बुनियादी तालीम का आधार है। यह सोचना भारी भूल है कि पुस्तकों से ही शिक्षा प्राप्त होती है। ज्ञान-प्राप्ति में दूसरी प्रणालियाँ और साधन अधिक सहायक होते हैं। गांधी जी का विश्वास था कि स्कूल क्रियात्मक होना चाहिए। बुनियादी तालीम में बच्चे एक महत्त्वपूर्ण और उद्देश्यपूर्ण क्रिया के साथ औपचारिक विषयों का ज्ञान भी प्राप्त करते हैं।

बुनियादी तालीम में हस्तकला, शिक्षा का आधार

हस्तकला बुनियादी तालीम का माध्यम है। गाँधी जी ने कहा है कि मेरा हस्तकला सिखाने का सुझाव केवल उत्पादकता बढ़ाने के लिए नहीं है वरन् इसके द्वारा बालकों की अभिरुचियों को विकसित करना है। उनके विचारानुसार समस्त शिक्षा का आधार हस्तकला अथवा उद्योग होना चाहिए।

आत्मनिर्भरता

इस योजना का एक गुण सीखने के साथ आय प्राप्त करना भी है। भारत जैसे निर्धन देश में बुनियादी तालीम के 'आत्मनिर्भर' तत्त्व का स्कूलों में एक महत्त्व है। स्कूलों को बिना आत्मनिर्भर बनाए संविधान में प्रस्तावित अनिवार्य और निःशुल्क शिक्षा की व्यवस्था कठिन प्रतीत होती है।

सम्पूर्ण शिक्षा

बुनियादी तालीम में शिक्षा को सम्पूर्ण ज्ञान माना गया है। समस्त शिक्षा का पाठ्यक्रम तीन पहलुओं पर आधारित है—भौतिक वातावरण, सामाजिक वातावरण और हस्तकला कार्य।

शिक्षा का जीवन से सम्बन्ध

बुनियादी स्कूल का वातावरण सामाजिक जीवन के वातावरण से भिन्न नहीं है। शिक्षा का सम्बन्ध जीवन की आवश्यकताओं से है।

नागरिकता का प्रशिक्षण

बुनियादी तालीम का उद्देश्य क्रियात्मक क्रियाओं द्वारा बालकों में सद्भावना, सहयोग, नागरिकता के गुण, व्यक्तिगत उत्तरदायित्व और निपुणता जैसे मूल्य उत्पन्न करना है।

आठ वर्ष की अनिवार्य और निःशुल्क शिक्षा

अनिवार्य और निःशुल्क शिक्षा का अर्थ यह है कि माता-पिता को कोई शुल्क नहीं देना होगा और वे बच्चों को स्कूल भेजेंगे।

गाँधीजी ने लिखा है कि प्राथमिक शिक्षा का समय सात वर्ष होगा और इसका स्तर अंग्रेजी को छोड़कर मैट्रिक के बराबर होगा। बाद में यह समय 8 वर्ष कर दिया गया।

मातृभाषा का महत्त्व

गाँधीजी ने कहा था कि मातृभाषा द्वारा ही उचित शिक्षा दी जा सकती है। विदेशी भाषा के माध्यम द्वारा हम मौलिक कार्यों के अयोग्य हो जाते हैं। इससे केवल हम रटना और अंकगणित करना ही सीखते हैं। जब तक मनुष्य मातृभाषा में प्रभावपूर्ण लिखना और बोलना नहीं सीखता उसके विचारों में स्पष्टता नहीं आती। इसके द्वारा ही बालक को गौरवपूर्ण अतीत की जानकारी कराई जाती है। इस प्रकार उसे सामाजिक शिक्षा मिलती है, जिसके द्वारा नैतिक गुणों का विकास होता है। इतना ही नहीं, मातृभाषा अपने भावों को व्यक्त करने का एक अच्छा साधन है।

अध्यापक और बालक को अधिक स्वतंत्रता

बुनियादी तालीम में अनुशासन का अर्थ भय नहीं है वरन् स्वतन्त्रता का उचित प्रयोग करना है। अध्यापक को स्वयं सोचने और प्रयोग करने के अधिक अवसर मिलते हैं और इस प्रकार वह अपने विचारों और योजनाओं को क्रियात्मक रूप दे सकता है।

बुनियादी तालीम किसी एक वर्ग के लिए नहीं है

बुनियादी तालीम का उद्देश्य एक ऐसे समाज का निर्माण करना है जिसमें गरीब-अमीर का अन्तर नहीं होगा।

ग्रामीण और नगर क्षेत्रों में बुनियादी तालीम

यह सोचना भूल है कि बुनियादी तालीम गाँव के लिए है। बुनियादी तालीम

राष्ट्रीय शिक्षा प्रणाली है। इसके अन्तर्गत गाँव और नगर दोनों ही आते हैं। स्थानीय परिस्थितियों और आवश्यकताओं को ध्यान में रखकर हस्तकला निश्चित की जा सकती है और इसके ही कारण विभिन्न क्षेत्रों का पाठ्यक्रम भिन्न हो सकता है।

बुनियादी शब्द का महत्त्व/बुनियादी शिक्षा का नामकरण (Importance of Basic System/Its Nomenclature)

बुनियादी शब्द का आधार नींव है; जिस पर भवन अथवा सिद्धान्त अथवा प्रणाली का निर्माण किया जाता है।

यह बुनियादी है क्योंकि इसका आधार प्राचीन भारतीय सभ्यता है।

यह बुनियादी है क्योंकि यह शिक्षा का न्यूनतम स्तर निश्चित करती है जिसे प्राप्त करने का अधिकार प्रत्येक भारतीय बालक को है।

यह बुनियादी है क्योंकि इसका सम्बन्ध बालक की मूल आवश्यकताओं और अभिरुचियों से है।

यह बुनियादी है क्योंकि यह स्थानीय साधनों का प्रयोग करती है।

यह बुनियादी है क्योंकि इसका सम्बन्ध समाज के व्यवसायों से है।

यह बुनियादी है क्योंकि इसका सम्बन्ध देश के साधारण लोगों से है जो राष्ट्रीय जीवन का आधार हैं।

यह बुनियादी है क्योंकि इसका स्थान प्रथम है। इसका अर्थ प्राथमिक शिक्षा अर्थात् शिक्षा क्षेत्र का प्रथम चरण है।

बुनियादी तालीम की आलोचना (Criticism of Basic System of Education)

दोषयुक्त मनोवैज्ञानिक सिद्धान्तों पर आधारित

इसमें बालक के मानसिक विकास से सम्बन्धित कोमल और महत्त्वपूर्ण सिद्धान्तों की अवहेलना की गई है। बालक को एक सिपाही अथवा सैनिक के रूप में समझा गया है। उसके महत्त्वपूर्ण व्यक्तित्त्व की अवहेलना की गई है। उसे एक उद्देश्य की पूर्ति में साधन समझा गया है। वह उद्देश्य जीविका कमाना है।

समन्वय का आधार हस्तकला एक अस्वाभाविक कार्य

किसी भी सुदृढ़ शिक्षा प्रणाली में हस्तकला द्वारा पाठ्यक्रम के सभी विषयों का सम्बन्ध स्थापित करना एक अस्वाभाविक कार्य है। अध्यापन प्रभावपूर्ण होना

चाहिए। इसलिए इसका सम्बन्ध बालक के निजी अनुभवों से होना चाहिए। अतः यह भारी भूल है कि समस्त ज्ञान का केन्द्र हस्तकला रखा जाए।

राष्ट्रीय गुणों की अवहेलना

हमारे राष्ट्रीय आदर्शों के अनुसार शिक्षा का आधार धर्म होना चाहिए और इसे धारण करना उद्देश्य होना चाहिए। हस्तकला पर आधारित शिक्षा हमारे प्राचीन आदर्शों के विपरीत है।

औद्योगिक समय में बुनियादी तालीम की अनुउपयुक्ता

पंचवर्षीय योजना और सरकार की समस्त नीतियाँ औद्योगीकरण की हैं। ऐसी स्थिति में बुनियादी तालीम विचारधारा के लिए प्रयत्न करना आवश्यक नहीं है। हमारी शिक्षा प्रणाली का उद्देश्य मनुष्य का सामूहिक विकास करना है। अतः ऐसे देश में जहाँ सामूहिक आर्थिक विकास करना है वहाँ हस्तकला पर जोर देना बड़ी भूल है।

हानिकारक प्रतियोगिता

इस योजना की हानिकारक प्रतियोगिता द्वारा कुशल कलाकारों को हानि होगी।

बुनियादी स्कूलों का असफल कार्य

यांत्रिक गणित और शब्द अभ्यास की हानि हो रही है।

बालक की अवहेलना

हस्तकला की ओर अधिक ध्यान देने के कारण बालक की अवहेलना की जाती है। बुनियादी तालीम को एक आर्थिक कार्य का माध्यम समझा जाता है।

दूषित कार्य-विवरण

बुनियादी स्कूलों में लगभग आधा समय विषय शिक्षण में लगता है और शेष हस्तकला को दिया जाता है। अधिकतर कार्यतालिका में शिक्षण कार्य को समय हस्तकला के बाद दिया जाता है, जिसका परिणाम यह होता है कि हस्त का कार्य सीख कर छात्र थक जाते हैं और वे शिक्षण-कार्य में रुचि नहीं ले पाते हैं।

साहित्य और अन्य जानकारियों पर बहुत कम स्थान है

साहित्य और दूसरे महत्त्वपूर्ण विषयों को दूसरा स्थान दे दिया जाता है।

किसी भी हस्तकला में निपुणता का न माना

विद्यार्थी लगभग स्कूल कार्य का आधा समय हस्तकला सीखने में लगाते हैं, फिर भी वे किसी भी कला में निपुण नहीं होते हैं।

बुनियादी तालीम से सम्बन्धित कुछ व्यंग्यात्मक विशेषण (Sarcastic Remarks on Basic Education)

1. बुनियादी तालीम एक भूल है। इसके कोई मनोवैज्ञानिक और अध्यापन सिद्धान्त नहीं हैं।
2. बुनियादी तालीम एक भुलावा है। इसके सिद्धान्त त्रुटिपूर्ण हैं और ठीक प्रकार से नहीं समझे गए हैं।
3. बुनियादी तालीम एक तमाशा है। योजना प्रयोगात्मक नहीं है। इसमें हस्तकला का सामान 'दिखावे' के लिए एकत्रित किया जाता है। जब अतिथि आते हैं तो सामान का प्रदर्शन किया जाता है।
4. बुनियादी तालीम एक धोखा है। इसे कुछ लोगों ने साधारण जनता पर थोपने का प्रयास किया है।
5. बुनियादी शिक्षा राजनीतिक चाल है जिसके माध्यम से राष्ट्रीय भावनाओं से खिलवाड़ किया गया है।

उपसंहार

वर्धा योजना भरसक प्रयत्न करने पर भी सफल न हो पायी। अब इसका उल्लेख केवल पुस्तकों तक ही सीमित रह गया है।

बुनियादी तालीम में निहित 'कार्य अनुभव' (Work Experience) को किसी न किसी रूप में अब शिक्षा का अभिन्न अंग मान लिया गया है। यही बुनियादी तालीम की देन है।

शिक्षा में विषयों तथा कार्यों में सह-सम्बन्ध (Correlation) पर बल देना नई तालीम की दूसरी देन है।

वर्धा शिक्षा योजना का कार्यान्वयन (Implementation of Wardha System of Education)

प्रान्तों में कांग्रेस मन्त्रिमण्डल (1937-39) तथा वर्धा शिक्षा प्रणाली

भारत सरकार अधिनियम 1935 के प्रावधानों के अन्तर्गत प्रान्तीय विधानसभाओं के 1937 में चुनाव कराए गए। चुनावों में कांग्रेस की उपलब्धि बहुत अच्छी रही।

उस समय भारत 11 प्रान्तों में बँटा हुआ था। सात प्रान्तों, अर्थात् मद्रास (चैन्नई), बम्बई (मुम्बई), बिहार, उड़ीसा, मध्य प्रान्त, यू.पी. तथा पश्चिमोत्तर सीमान्त प्रान्त, में कांग्रेस मन्त्रिमण्डल बने। असम और सिंध में उसने मिले-जुले मंत्रिमण्डल बनाए। पंजाब तथा बंगाल में गैर कांग्रेसी मंत्रिमंडल बने। कांग्रेस मंत्रिमण्डलों ने लगभग 27 माह तक काम किया। वर्धा शिक्षा के क्षेत्र में उल्लेखनीय कार्य किया। 1939 में द्वितीय महायुद्ध आरम्भ हुआ। तीन सितम्बर 1939 को ब्रिटिश सरकार ने जर्मनी के विरूद्ध युद्ध की घोषणा कर दी। यह घोषणा करते समय ब्रिटिश सरकार ने कांग्रेस से विचार-विमर्श नहीं किया। अतः नवम्बर 1939 में कांग्रेस मंत्रिमण्डलों ने त्यागपत्र दे दिया।

17.12 स्वतन्त्र भारत में बेसिक शिक्षा का विकास (Progress of Basic Education in Free India)

देश की स्वतन्त्रता के पश्चात् देश में कांग्रेस सरकारों का गठन हुआ। स्वभावतः बेसिक शिक्षा को बल मिला। प्राथमिक स्तर पर बेसिक शिक्षा को राष्ट्रीय शिक्षा प्रणाली का एक अभिन्न अंग माना गया। महात्मा गाँधी द्वारा प्रतिपादित विचारधारा में कुछ परिवर्तन किये गये, विशेष रूप से शिक्षा को 'स्वावलम्बन बनाने' में। यह पद्धति लागू करने के लिए उचित तैयारी भी न की गई। बेसिक शिक्षा के नाम पर प्रचुर धनराशि कुछ क्षेत्रों में दी गई परन्तु उस का भरपूर दुरुपयोग होने लगा। "रातोंरात परम्परागत प्राथमिक स्कूलों के साइनबोर्ड बदल दिए गए तथा उन्हें बेसिक स्कूलों का नाम दिया जाने लगा।" बेसिक शिक्षा संबंधी विवादों पर विचार के लिए कई सेमिनार आयोजित किए गए। कई समितियों द्वारा समीक्षा की गई। परन्तु उचित ढंग से बेसिक शिक्षा को व्यावहारिक रूप न दिया जा सका।

पहली चार पंचवर्षीय योजनाओं में बेसिक शिक्षा में प्रगति का विवरण नीचे दिया जा रहा है।

तालिकाः पंचवर्षीय योजनाओं में बेसिक शिक्षा

प्राथमिक स्तर पर स्कूल	*पहली योजना*	*दूसरी योजना*	*तीसरी योजना*	*चौथी योजना*
1. जूनियर बेसिक स्कूल	33,379	42,971	1,00,000	1,53,000
2. कुल प्राथमिक स्कूलों का प्रतिशत	15.9	15.4	29.2	30.9
3. सीनियर बेसिक स्कूल	388	4,842	11,940	16,700
4. कुल सीनियर स्कूलों का प्रतिशत	2.9	22.3	30.2	28.9

शिक्षा आयोग (1964–66) का बेसिक शिक्षा पर कुठाराघातं–बेसिक शिक्षा का 'मरण पत्र'
(Death Blow to Basic System of Education by the Kothari Commission 1964-66)

लड़खड़ाती बेसिक शिक्षा पद्धति का पूर्ण अन्त, शिक्षा आयोग (1964–66) ने किया। शिक्षा आयोग ने इस पद्धति को नकार दिया। आयोग ने इसके विरूद्ध अपनी संस्तुतियाँ दीं। सन् 1968, 1986 तथा 1992 की शिक्षा नीति में बेसिक शिक्षा पद्धति का जिक्र तक नहीं है। शिक्षा आयोग ने 'कार्य अनुभव' पर जोर दिया। उसके पश्चात् कार्य अनुभव का स्थान 'सामाजिक दृष्टि से लाभदायक कार्य' ने लिया। अब बेसिक शिक्षा योजना/वर्धा शिक्षा योजना 'दस्तावेजों' में बन्द हो कर रह गयी है।

11

एबट-वुड कमेटी रिपोर्ट (1937) तथा सार्जेन्ट रिपोर्ट (1944)

(Abbott-Wood Committee Report 1937 and Sargent Report 1944)

एबट-वुड कमेटी की नियुक्ति
(Appointmnt of the Abbott-Wood Committee)

केन्द्रीय शिक्षा सलाहकार बोर्ड (ब्मदजतंस ।कअपेवतल ठवंतक वf म्कनण् बंजपवदख्रश्बठम्) के 1935 के प्रस्ताव के अनुसार भारत सरकार ने सन् 1936 में शिक्षा संबंधी सुझाव देने के लिए इंग्लैण्ड के दो प्रसिद्ध शिक्षा-विशेषज्ञों को भारत आने के लिए आमंत्रित किया। ये विशेषज्ञ थे-

1. ए. एबट, इंग्लैण्ड के शिक्षा-बोर्ड के प्रौद्योगिक स्कूलों का भूतपूर्व चीफ इंस्पैक्टर।
2. एस. एच. वुड, इंग्लैण्ड के शिक्षा-बोर्ड के डायरेक्टर ऑफ इन्टेलिजेन्स।

जाँच के विषय (Terms of Reference)

1. क्या वर्तमान औद्योगिक एवं व्यावसायिक शिक्षा-संस्थाओं में सुधार किया जाना चाहिए।
2. क्या नवीन औद्योगिक एवं व्यावसायिक शिक्षा-संस्थाओं की स्थापना की जानी चाहिए।

3. ग्राम के बालकों के लिए, किस प्रकार की शिक्षा की विशेष व्यवस्था की जानी चाहिए?
4. क्या प्राथमिक, माध्यमिक एवं उच्चतर स्कूलों में किसी प्रकार का व्यावसायिक या व्यावहारिक प्रशिक्षण दिया जाना चाहिए? यदि हाँ, तो उसका स्वरूप और विस्तार क्या होना चाहिए?

वुड-एबट रिपोर्ट के दो भाग

वुड और एबट, नवम्बर सन् 1936 से मार्च 1937 तक भारत में रहे। उनके पास समय का अभाव था। अत: उन्होंने केवल दिल्ली, पंजाब और संयुक्त प्रान्त का दौरा करके भारतीय शिक्षा का अध्ययन किया और जून सन् 1937 में अपनी रिपोर्ट को भारत सरकार के समक्ष प्रस्तुत किया। इस रिपोर्ट का शीर्षक है–"Vocational Education in India with a Section on General Education and Administration." यह रिपोर्ट–"वुड-एबट रिपोर्ट" के नाम से प्रसिद्ध है। रिपोर्ट के दो भाग इस प्रकार हैं–

1. एबट द्वारा लिखित–"व्यावसायिक शिक्षा" (Vocational Education)।
2. वुड द्वारा लिखित–"सामान्य शिक्षा एवं प्रशासन" (General Education Administration)।

व्यावसायिक शिक्षा संबंधी संतुतियाँ (Recommendations on Vocational Education)

1. व्यावसायिक शिक्षा का विस्तार, देश के उद्योगों की आवश्यकताओं को ध्यान में रखकर किया जाए।
2. प्रत्येक प्रान्त में व्यावसायिक शिक्षा का रूप वहाँ के उद्योगों, व्यापारों तथा परिस्थितियों के अनुसार निर्धारित किया जाए।
3. व्यावसायिक शिक्षा को उच्च पद और स्तर पर रखा जाए, साहित्यिक शिक्षा का हो।
4. सामान्य एवं व्यावसायिक शिक्षाओं को एक-दूसरे से विभिन्न न समझा जाए, अपितु इन्हें एक निरन्तर होने वाली प्रक्रिया का पूर्वकालीन एवं उत्तरकालीन चरण माना जाए।
5. सामान्य एवं व्यावसायिक शिक्षाओं के साधन तथा लक्ष्य विभिन्न हैं। अत: दोनों प्रकार की शिक्षा के लिए पृथक् स्कूलों की व्यवस्था की जाए।

6. कुटीर उद्योग-धन्धों में लगे हुए व्यक्तियों को उपयुक्त व्यावसायिक एवं व्यापारिक प्रशिक्षण दिया जाए।
7. उद्योग एवं व्यापार और उद्योग एवं शिक्षा में निकट सम्पर्क स्थापित करने के लिए प्रत्येक प्रान्त में 'व्यावसायिक शिक्षा की सलाहकार समिति' का संगठन किया जाए।
8. उद्योगपति–भवन, सामग्री और धन देकर व्यावसायिक शिक्षा को प्रोत्साहन दें।
9. पूर्णकालीन व्यावसायिक स्कूलों की स्थापना की जाए। ये स्कूल दो प्रकार के होने चाहिए–
   (i) जूनियर वोकेशनल स्कूल और
   (ii) सीनियर वोकेशनल स्कूल। जूनियर स्कूल में छात्र 8वीं कक्षा पास करके प्रवेश करें और उनका पाठ्यक्रम 3 वर्ष का हो। सीनियर स्कूल में 11वीं कक्षा के उपरान्त 2 वर्ष का पाठ्यक्रम हो।
10. जो व्यक्ति विभिन्न व्यवसायों में लगे हुए हैं, उनको शिक्षा देने के लिए 'अंशकालिक व्यावसायिक स्कूल' स्थापित किए जाएँ। इनमें शिक्षा प्राप्त करने वाले इच्छुक कर्मचारियों को मालिकों द्वारा एक सप्ताह में $2\frac{1}{2}$ दिन की छुट्टी दी जाए।
11. कम-से-कम 50 हजार जनसंख्या वाले औद्योगिक क्षेत्रों में जूनियर और सीनियर टेक्नीकल स्कूलों की स्थापना की जाए।
12. व्यावसायिक शिक्षा का पाठ्यक्रम समाप्त करने वाले विद्यार्थियों को प्रमाण-पत्र दिये जाएँ।
13. ग्रामीण लोगों का प्रधान व्यवसाय–कृषि है। अत: ग्रामों में स्थापित किये जाने वाले निम्न और उच्च माध्यमिक स्कूलों में कृषि की शिक्षा को अनिवार्य विषय बनाया जाए एवं इस विषय के शिक्षण का विशेष प्रबन्ध किया जाए।
14. भारत सरकार को निम्नलिखित प्रकार के पूर्णकालिक (Full time) व्यावसायिक स्कूलों का शिलान्यास करना चाहिए–
   (i) प्राथमिक शिक्षा प्राप्त छात्रों के लिए "ट्रेड स्कूल" (Trade Schools),
   (ii) आठवीं कक्षा पास छात्रों के लिए "जूनियर वोकेशनल स्कूल" (Junior Vocational Schools),

(iii) दसवीं कक्षा पास छात्रों के लिए "सीनियर वोकेशनल स्कूल" (Senior Vocational Schools)।

(iv) बी.एस.सी. पास छात्रों के लिए "प्रौद्योगिक संस्थाएँ" (Technological Institutes)।

सामान्य शिक्षा-सम्बन्धी सिफारिशें (Recommendations on General Education)

1. विभिन्न स्तरों पर शिक्षा की अवधि इस प्रकार हो–
   (i) प्राथमिक शिक्षा–4 वर्ष
   (ii) निम्न माध्यमिक शिक्षा–4 वर्ष
   (iii) उच्च माध्यमिक शिक्षा–4 वर्ष
   (iv) स्नातक शिक्षा–4 वर्ष।
2. शिशु शिक्षा की उपयुक्त व्यवस्था की जाए।
3. प्राथमिक कक्षाओं में शिक्षा को पुस्तकों पर आधारित न करके बालकों की स्वाभाविक रुचियों, क्रियाओं और प्रवृत्तियों पर आधारित किया जाए।
4. निम्न माध्यमिक कक्षाओं में अंग्रेजी की शिक्षा पर बल न दिया जाए।
5. उच्च माध्यमिक कक्षाओं में अंग्रेजी की शिक्षा अनिवार्य रूप में दी जाए।
6. हाईस्कूल तक की शिक्षा–भारतीय भाषाओं के माध्यम से दी जाए।
7. अंग्रेजी की शिक्षा को साहित्यिक रूप न देकर, अधिक व्यावहारिक बनाने का प्रयत्न किया जाए।
8. रचनात्मक हस्तकार्य (Constructive Handwork) की शिक्षा के प्रति विशेष ध्यान दिया जाए और उसकी शिक्षा सभी स्कूलों में दी जाए।
9. ललित कलाओं (Fine Arts) की शिक्षा को प्रोत्साहित किया जाए और उनके शिक्षण के लिए प्रशिक्षित शिक्षकों की नियुक्ति की जाए।
10. ग्रामों के मिडिल स्कूलों के पाठ्यक्रम में वहाँ की आवश्यकताओं और परिस्थितियों के अनुसार पाठ्य-विषयों को स्थान दिया जाए।
11. स्कूलों का नियमित रूप से निरीक्षण करने के लिए स्कूल निरीक्षकों की नियुक्ति की जाए और उनको कार्य करने की स्वतन्त्रता प्रदान की जाए।

12. अध्यापकों के प्रशिक्षण की ओर विशेष ध्यान दिया जाए। प्राथमिक स्कूलों के अध्यापक कम-से-कम मिडिल पास होने चाहिए। उनके प्रशिक्षण की अवधि 3 वर्ष की होनी चाहिए और उनके लिए "अभिनवन पाठ्यक्रमों" (Refresher Courses) का आयोजन किया जाए।
13. स्कूलों का प्रबन्ध करने वाली स्थानीय संस्थाओं पर सरकार अधिक नियन्त्रण रखे।
14. स्कूलों के नियमित निरीक्षण के लिए निरीक्षकों की नियुक्ति की जाए तथा उन्हें अधिक से अधिक स्वतन्त्रता दी जाए।

एबट-वुड रिपोर्ट का मूल्यांकन (Evaluation of Abbott-Wood Report)

समय के अभाव के कारण दोनों शिक्षाविद् केवल दिल्ली, पंजाब तथा संयुक्त प्रान्त का ही दौरा कर सके तथा उनकी परिस्थितियों के सूक्ष्म अवलोकन के आधार पर अपनी संतुतियाँ दीं। सम्भवत: यह भारत के शिक्षा के इतिहास में पहला अवसर था कि व्यावसायिक शिक्षा के संबंध में किसी शिक्षा समिति अथवा शिक्षा आयोग ने इतने विस्तारपूर्वक संतुतियाँ दी हों। संतुतियाँ समयानुकूल तथा व्यावसायिक थीं। परन्तु इन संतुतियों पर कोई कार्यवाही न की जा सकी क्योंकि 1939 में दूसरा विश्वयुद्ध छिड़ गया।

सारजेन्ट रिपोर्ट–1944 (Sargent Report, 1944)

भूमिका

दूसरे महायुद्ध की समाप्ति के पश्चात् युद्धग्रस्त देशों ने पुनर्निमाण की योजनाएँ बनाईं। भारत में भी भारत में अनेक विकास योजनाओं की शुरूआत की। इन योजनाओं में शिक्षा योजना भी बनाई गई। भारत के गवर्नर जनरल की प्रबन्धकारिणी कौंसिल की पुनर्निमाण समिति (Reconsruction Committee of Governor General's Council) में केन्द्रीय शिक्षा सलाहकार बोर्ड को भारत में शिक्षा योजना बनाने का निर्देश दिया। यह योजना बोर्ड के अनुरोध पर तत्कालीन शिक्षा सलाहकार जान सार्जेन्ट ने तैयार की तथा 1944 में बोर्ड के समक्ष प्रस्तुत किया।

रिपोर्ट को निम्न नजामों से पुकारा जाता है–

1. सार्जेन्ट रिपोर्ट (Sargent Report)
2. सार्जेन्ट योजना (Sargent Plan)
3. भारत में युद्धोत्तर शिक्षा-विकास योजना (Plan of Post-War Educational Development in India)
4. केन्द्रीय शिक्षा सलाहकार बोर्ड की रिपोर्ट (Report of the Central Advisory Board of Education)।

रिपोर्ट का उद्देश्य

योजना का उद्देश्य 313 करोड़ रुपया प्रति वर्ष खर्च करके 40 वर्ष की अवधि में भारत में शैक्षिक योजनाओं के उसी स्तर का निर्माण करना था, जिस पर इंग्लैण्ड पहुँच चुका था।

रिपोर्ट ने (White Paper on Education of England) में इस प्रकार कहे गए कथन पर बल दिया, "इस देश का भविष्य यहाँ के लोगों की शिक्षा पर निर्भर करता है।"

आयोग की सिफारिशें (Recommendations of the Report)

आयोग की सिफारिशें निम्नलिखित 12 भागों में बाँटी गई हैं–

1. पूर्व प्राथमिक शिक्षा,
2. प्राथमिक अथवा बेसिक शिक्षा,
3. हाई स्कूल अथवा माध्यमिक शिक्षा,
4. विश्वविद्यालय शिक्षा,
5. प्राविधिक, वाणिज्य एवं कला शिक्षा,
6. प्रौढ़ शिक्षा,
7. अध्यापक प्रशिक्षण,
8. छात्र-स्वास्थ्य,
9. विकलांग छात्रों की शिक्षा,
10. विनोदात्मक तथा सामाजिक क्रियाएँ,
11. भर्ती कार्यालय,
12. प्रशासन तथा प्रबंध।

पूर्व प्राथमिक शिक्षा

1. पूर्व प्राथमिक अथवा नर्सरी शिक्षा की उचित व्यवस्था की जाए।
2. नर्सरी शिक्षा का मुख्य उद्देश्य बच्चों को सामाजिक अनुभव तथा शिष्टाचार की शिक्षा देना है न कि सामान्य शिक्षा।
3. नर्सरी शिक्षा निःशुल्क दी जाए।
4. नर्सरी शिक्षा 3 से 6 आयु-वर्ग के बच्चों के लिए हो।

प्राथमिक शिक्षा (बेसिक शिक्षा)

1. छः वर्ष से चौदह वर्ष तक की अवस्था के समस्त बच्चों के लिए निःशुल्क एवं अनिवार्य प्राथमिक या बेसिक शिक्षा की व्यवस्था की जाए।
2. अपव्यय को रोकने के लिए शिक्षा को अनिवार्य बनाना आवश्यक है।
3. रिपोर्ट में बेसिक शिक्षा के मौलिक सिद्धान्तों का समर्थन, परंतु शिक्षा को आत्मनिर्भर बनाने का विरोध किया गया।
4. बेसिक शिक्षा को दो भागों में विभक्त किया गया–जूनियर बेसिक (6-11) और सीनियर बेसिक (11-14)।
5. शिक्षा का माध्यम बच्चों की मातृभाषा हो।
6. शिक्षा को अनिवार्य बनाने के लिए "उपस्थिति-निरीक्षक-पदाधिकारियों" (Attendance Officers) की नियुक्ति की जानी चाहिए।
7. बेसिक शिक्षा किसी आधारभूत शिल्प के माध्यम से दी जाए।
8. जूनियर बेसिक स्कूलों के पाठ्यक्रम में अंग्रेजों को स्थान न दिया जाए।
9. प्राथमिक स्कूलों में सह-शिक्षा प्रचलित की जा सकती है।
10. सीनियर बेसिक स्कूलों में अंग्रेजों की शिक्षा साधारणतया न दी जाए। किन्तु, यदि किसी प्रान्त में अंग्रेजी की माँग है, तो "प्रान्तीय शिक्षा-विभाग" उसकी पढ़ाई की अनुमति दे सकता है।
11. दोनों प्रकार के स्कूलों में बाह्य परीक्षा के बजाय आन्तरिक परीक्षा की व्यवस्था की जानी चाहिए।
12. रीक्षा में उत्तीर्ण होने वाले छात्रों को सर्टिफिकेट दिए जाने चाहिएं।

'प्राथमिक शिक्षा सबके लिए' की अवधि 1884 तक निर्धारित की गई अर्थात इस लक्ष्य की प्राप्ति का समय चालीस वर्ष रखा गया।

हाई स्कूल/माध्यमिक शिक्षा

1. हाई स्कूल की शिक्षा 6 वर्ष की अर्थात् 11 से 17 वर्ष तक की आयु के बालकों और बालिकाओं के लिए होनी चाहिए।
2. हाई स्कूलों में केवल उन्हीं छात्रों को प्रवेश दिया जाना चाहिए, जिनकी क्षमताएँ औसत छात्रों से ऊँची हों।
3. जूनियर बेसिक स्कूलों की शिक्षा समाप्त करने वाले छात्रों में से लगभग 20 प्रतिशत को हाई स्कूलों में प्रवेश दिया जाना चाहिए।
4. हाई स्कूलों में 11 वर्ष से कम आयु के छात्रों को प्रवेश नहीं दिया जाना चाहिए।
5. हाई स्कूलों में प्रवेश लेने वाले छात्रों को 14 वर्ष की आयु की समाप्ति तक अनिवार्य रूप से शिक्षा ग्रहण करनी चाहिए।
6. हाई स्कूलों में अध्ययन करने वाले छात्रों में से केवल 50 प्रतिशत छात्रों से शुल्क लिया जाना चाहिए और 50 प्रतिशत को निःशुल्क शिक्षा दी जानी चाहिए।
7. हाई स्कूल दो प्रकार के होने चाहिए–
   (1) साहित्यिक हाई स्कूल, और
   (2) तकनीकी हाई स्कूल।
8. दोनों प्रकार के हाई स्कूलों में अग्रांकित विषयों की शिक्षा सामान्य रूप से दी जानी चाहिए–
   (1) मातृभाषा,
   (2) अंग्रेजी,
   (3) आधुनिक भाषाएँ,
   (4) भारत तथा विश्व का इतिहास,
   (5) भारत तथा विश्व का भूगोल,
   (6) गणित,
   (7) विज्ञान,
   (8) अर्थशास्त्र,
   (9) कृषि,
   (10) कला,
   (11) संगीत, और
   (12) शारीरिक शिक्षा।

9. हाई स्कूलों में शिक्षा का माध्यम–मातृभाषा होनी चाहिए।
10. अंग्रेजी की शिक्षा, द्वितीय अनिवार्य विषय के रूप में दी जानी चाहिए।
11. हाई स्कूलों का पाठ्यक्रम–विश्वविद्यालय-शिक्षा का आधार-मात्र न होकर, अपने आप में पूर्ण होना चाहिए, ताकि इस पाठ्यक्रम को पूर्ण अध्ययन करने के उपरान्त छात्रों को किसी व्यवसाय को करने की योग्यता प्राप्त हो जाए।
12. उक्त सामान्य विषयों के अतिरिक्त साहित्यिक हाई स्कूलों में प्राच्य-भाषाओं (Classical Languages) और नागरिकशास्त्र की भी शिक्षा दी जानी चाहिए। बालिकाओं को गृह–विज्ञान की शिक्षा देने की विशेष व्यवस्था की जानी चाहिए।
13. तकनीकी हाई स्कूलों में उल्लिखित विषयों के अतिरिक्त नीचे दिए विषयों की भी शिक्षा दी जानी चाहिए–
    (1) काष्ठ–कला,
    (2) धातु–कला,
    (3) साधारण इंजीनियरिंग,
    (4) ड्राइंग,
    (5) वाणिज्य संबंधी विषय,
    (6) बुक कीपिंग,
    (7) शॉर्ट–हैण्ड,
    (8) टाइप–राइटिंग,
    (9) अकाउण्टेंसी, और
    (10) व्यापार–पद्धति।
14. हाई स्कूलों में अध्यापकों एवं छात्रों का अनुपात 1 : 20 होना चाहिए।

विश्वविद्यालय शिक्षा

1. बी.ए., बी.एस.सी. आदि स्नातक उपाधि प्राप्त करने की न्यूनतम अवधि 3 वर्ष की होनी चाहिए।
2. इण्टरमीडिएट कक्षाओं को भंग कर दिया जाना चाहिए। उनकी 11वीं कक्षा को हाई स्कूल से और 12वीं कक्षा को विश्वविद्यालय से सम्बद्ध कर दिया जाए।
3. विश्वविद्यालयों के प्रवेश नियमों को इतना कठोर बना दिया जाना चाहिए

कि माध्यमिक शिक्षा समाप्त करने वाले 15 छात्रों में से केवल 1 छात्र ही विश्वविद्यालय में प्रवेश कर सके।

4. विश्वविद्यालयों के शिक्षा स्तर का उन्नयन करने के लिए अग्रांकित 3 उपाय अपनाए जाने चाहिए–
   (1) योग्य शिक्षकों की नियुक्ति,
   (2) शिक्षकों के वेतन-क्रम में वृद्धि, और
   (3) शिक्षकों की सेवा-शर्तों (Conditions of Service) में सुधार।
5. भारत के सब विश्वविद्यालयों में एकरूपता स्थापित करने के लिए विश्वविद्यालय-अनुदान-आयोग (University Grants Commission) का संगठन किया जाना चाहिए।
6. विश्वविद्यालयों में छात्रों और शिक्षकों के पारस्परिक संबंधों में घनिष्ठता उत्पन्न करने के लिए "ट्यूटोरियल प्रणाली" (Tutorial System) का प्रचलन प्रारम्भ किया जाना चाहिए।

अध्यापक प्रशिक्षण

सार्जेन्ट रिपोर्ट में यह स्पष्ट किया गया कि उसके द्वारा प्रस्तावित शिक्षा योजना को सफल बनाने के लिए प्रशिक्षित अध्यापकों की विशाल संख्या की आवश्यकता है।

रिपोर्ट ने शिक्षकों की संख्या का अनुमान इस प्रकार लगाया–

1.	प्रशिक्षित गैर-स्नातक	लगभग 20 लाख
2.	प्रशिक्षित स्नातक	लगभग 20 लाख

इतनी विशाल संख्या में शिक्षकों को प्रशिक्षित करने के लिए रिपोर्ट ने यह सिफारिश की है कि निम्नांकित तीन प्रकार की प्रशिक्षण-संस्थाएँ समुचित संख्या में स्थापित की जानी चाहिए–

1. पूर्व-प्राथमिक स्कूलों के शिक्षकों के लिए।
2. जूनियर और सीनियर बेसिक स्कूलों के शिक्षकों के लिए। 3. हाई स्कूलों के शिक्षकों के लिए।

रिपोर्ट ने शिक्षक-प्रशिक्षण के संबंध में चार महत्त्वपूर्ण सुझाव दिए हैं–

1. प्रशिक्षण-संस्थाएँ यथासम्भव आवासीय (Residential) होनी चाहिए।
2. प्रशिक्षण-संस्थाओं के छात्राध्यापकों से शुल्क नहीं लिया जाना चाहिए।

3. सब प्रकार के शिक्षकों के लिए "अभिनव पाठ्यक्रम" (Refresher Course) की व्यवस्था की जानी चाहिए।
4. योग्य व्यक्तियों को शिक्षण-व्यवसाय के प्रति आकृष्ट करने के लिए अध्यापकों के वेतन में वृद्धि की जानी चाहिए।

अन्य सिफारिशें (Other Recommendations)

"सार्जेन्ट रिपोर्ट" में उपर्युक्त के अतिरिक्त और भी सिफारिश की गई हैं। इनमें निम्नलिखित महत्त्वपूर्ण हैं-

1. छात्रों के स्वास्थ्य की देखभाल की उचित व्यवस्था,
2. विकलांगों (Handicapped) के लिए विशिष्ट विद्यालयों का आयोजन,
3. छात्रों के लिए मनोरंजनात्मक और सामाजिक कार्यों का संयोजन,
4. छात्रों को व्यवसाय का चयन करने में परामर्श देने के लिए स्थान-स्थान पर "सेवा-योजनालयों" (Employment Bureaus) की स्थापना,
5. राष्ट्रीय शिक्षा-प्रणाली की स्थापना के लिए केन्द्रीय एवं प्रान्तीय सरकारों में निकट सहयोग,
6. पूर्णकालिक तथा अंशकालिक तकनीकी शिक्षा संस्थाओं की स्थापना, और
7. प्रजातन्त्र की सफलता के लिए वयस्कों के लिए वयस्क शिक्षा का आयोजन करना।

वित्तीय प्रावधान (Financial Provision)

रिपोर्ट की संतुतियों के क्रियान्वयन पर रु. 312.6 करोड़ खर्च करने का अनुमान लगाया गया। कुल राशि में रु. 200.0 करोड़ प्राथमिक स्तर के विकास के लिए थे।

रिपोर्ट द्वारा निर्धारण टारगेट (लक्ष्यांक) (Proposed Targets of the Report)

1.	कुल समय	40 वर्ष (1945-84)
2.	वार्षिक व्यय	312.6 करोड़
3.	अनुमानित जनसंख्या	29.0 करोड़
4.	प्रति व्यक्ति खर्च	रु 11, 1939 के मूल्यों पर।
5.	नर्सरी स्तर की शिक्षा	21 बच्चों में से एक की शिक्षा तथा देखभाल का लक्ष्य।

6. बेसिक शिक्षा प्रणाली के आधार पर सभी बच्चों के लिए निःशुल्क अनिवार्य शिक्षा।
7. 11-14 वर्ष की आयु के बच्चों की कुल संख्या के 4/5 बच्चों के लिए अनिवार्य सीनियर बेसिक शिक्षा।
8. प्राथमिक स्तर की शिक्षा प्राप्त करने वाले छात्रों में से प्रतिभा के आधार पर पाँच में से एक छात्र के लिए माध्यमिक शिक्षा की व्यवस्था करना।
9. तकनीकी शिक्षा की व्यवस्था करना।
10. प्रौढ़ अक्षरता का उन्मूलन करना।

वित्तीय विवरण (रु. मिलियन में)

क्रम.सं.	*मद*	*अनुमानित सकल वार्षिक आय*	*पब्लिक निधियों के अतिरिक्त आय के अनुमानित स्रोत*	*पब्लिक निधियों से प्रमुख अनुमानित खर्च*
1.	बेसिक शिक्षा (प्राथमिक तथा मिडिल)	2000	–	2000
2.	नर्सरी शिक्षा	32	–	32
3.	हाई स्कूल	790	290	500
4.	विश्वविद्यालय शिक्षा	96	29	67
5.	तकनीकी आदि शिक्षा	100	20	80
6.	शिक्षा वयस्क	30	–	30
7.	अध्यापक प्रशिक्षण	62	17	45
8.	मनोरंजनात्मक तथा समाज सेवाएँ	10	–	10
9.	रोजगार ब्यूरो	6	–	6
10.	प्रशासन	–	–	–
11.	स्कूल स्वास्थ्य शिक्षा	–	–	–
12.	विकलांगों की शिक्षा	–	–	–

सार्जेन्ट रिपोर्ट का मूल्यांकन
(Evaluation of the Sargent Report)

सार्जेन्ट रिपोर्ट का भारतीय शिक्षा के इतिहास में अपना विशेष महत्त्व तथा स्थान है। यह पहला अवसर था जबकि भारतीय शिक्षा के सभी स्तरों तथा सभी

पक्षों पर व्यापक रूप से अध्ययन के पश्चात् रिपोर्ट तैयार की गई। सम्पूर्ण भारतीय शिक्षा का सर्वेक्षण किया गया। सबसे महत्त्वपूर्ण बात यह थी, कि इस रिपोर्ट की संतुतियों के कार्यान्वयन में व्यय तथा इसके स्रोतों का अनुमान भी लगाया गया। प्राथमिक शिक्षा को अनिवार्य तथा निःशुल्क बनाने के लिए समय तथा खर्च संबंधी लक्ष्य निर्धारित किए गए। सम्भवतः शिक्षा से संबंधित ऐसा कोई भी पक्ष नहीं था जिस पर विस्तारपूर्वक चर्चा न की गई हो।

भारत के प्रसिद्ध शिक्षाविद् डॉ. के.जी. सैमदैन ने इस रिपोर्ट को अत्यन्त उपयोगी बताते हुए लिखा, "सार्जेन्ट रिपोर्ट राष्ट्रीय शिक्षा की प्रथम व्यापक योजना है। यह इस धारणा को स्वीकार नहीं करती कि शिक्षा के क्षेत्र में भारत अन्य राष्ट्रों से सदैव निम्नतर स्तर पर रहेगा। यह इस विश्वास पर आधारित है कि अन्य राष्ट्रों ने शिक्षा के क्षेत्र में जो सफलता प्राप्त की है, उसे प्राप्त करने की इस राष्ट्र में भी पर्याप्त क्षमता है।"

नरुला तथा नायक ने सार्जेन्ट रिपोर्ट में निम्न दोष पाए हैं–

1. इस रिपोर्ट ने देश के सामने लक्ष्य बहुत नीचे रखे हैं।
2. इसने वित्तीय साधनों को बहुत सावधानी से नहीं देखा है।
3. यह ब्रिटिश आदर्शों तथा व्यवस्था पर आधारित है।

यदि हम स्वतन्त्र भारत में अनिवार्य तथा निःशुल्क प्राथमिक शिक्षा के संदर्भ में निर्धारित लक्ष्यों को देखें तो यह कार्य 1960 सन् तक पूरा हो जाना चाहिए था परन्तु अभी तक यह सम्पन्न नहीं हो पाया है। स्पष्ट है कि उस समय इस रिपोर्ट पर भारतीयों की जो प्रतिक्रिया थी, वह अनुचित थी। केवल उच्च आदर्श तथा लक्ष्य निर्धारण करना ही पर्याप्त नहीं है। उनकी प्राप्ति के लिए अन्य पक्षों को भी ध्यान में रखा जाना आवश्यक है।

संक्षेप में सार्जेन्ट रिपोर्ट के गुण

1. यह रिपोर्ट अर्थपूर्ण थी।
2. यह रिपोर्ट अत्यन्त व्यापक समीक्षा के पश्चात् बनाई गई थी।
3. यह रिपोर्ट अत्यन्त गहन तथा विस्तृत थी। पहली बार भारत में शिक्षा के सभी अंगों की समीक्षा की गई थी।
4. पहली बार लक्ष्य निर्धारित किए गए जिन्हें मापा जा सकता था।
5. शैक्षिक लक्ष्यों का निर्धारण वित्तीय साधनों के संदर्भ में था।
6. रिपोर्ट ने शैक्षिक क्षेत्र में सारे भारत के लिए योजना बनाने का मार्गदर्शन प्रस्तुत किया।

7. राष्ट्रीय शिक्षा प्रणाली को प्रारम्भ करने का सुझाव दिया गया।
8. यह स्वीकार किया गया कि भारत भी अन्य राष्ट्रों की भाँति शिक्षा के स्तर को ऊँचा उठा सकता है। इस प्रकार का विश्वास रिपोर्ट में स्पष्ट था।
9. पूर्व प्राथमिक शिक्षा पर भी पहली बार इतना बल दिया गया।
10. अध्यापकों के प्रशिक्षण की आवश्यकता पर जोर देते हुए एक व्यापक तथा क्रमबद्ध योजना प्रस्तुत की।

सार्जेन्ट रिपोर्ट के दोष

सार्जेन्ट रिपोर्ट के दोष इस प्रकार बताए गए हैं–

1. यह रिपोर्ट भारतीय आदर्शों के अनुकूल नहीं थी।
2. इस रिपोर्ट के लक्ष्य बहुत साधारण थे।
3. वित्तीय साधन 1939 सन् के मूल्यों पर आधारित थे।
4. अनिवार्य तथा निःशुल्क प्राथमिक शिक्षा की प्राप्ति का समय 40 वर्ष रखा गया जो कि बहुत अधिक था।

रिपोर्ट के लगभग तीन वर्ष बाद भारत स्वतन्त्र हो गया। ये तीनों वर्ष भी राजनैतिक उथल-पुथल के थे। इस कारण इस रिपोर्ट पर कोई कार्यवाही न हो सकी।

इसमें कोई सन्देह नहीं है कि सार्जेन्ट रिपोर्ट में शिक्षा सुधार की एक व्यापक योजना थी तथा इसने शिक्षा में सुधारों के लिए योजना बनाने के मार्गदर्शक सूचक प्रस्तुत किए।

12

अंग्रेजी शासन काल में भारतीय शिक्षा का सिंहावलोकन

(Overview of Indian Education During the British Rule)

यहाँ पर अंग्रेजी शासनकाल में भारतीय शिक्षा का संक्षेप में विस्तार तथा गुण–दोष दिए गए हैं। इस संदर्भ में यद्यपि विद्वानों का एक मत नहीं है परन्तु मोटे तौर पर कुल मिलाकर इसे भारतीयों के हित में नहीं माना जा रहा है।

तालिका 19.1: शैक्षिक सुविधियों में विकास (1855.56 से 1946.47)

Table 19.1 Expansion of Educational Facilities (1855-56 to 1946-47)

	1855-56	*1901-02*	*1921-22*	*1946-47*
1. विश्वविद्यालय	–	5	14	17
2. सामान्य शिक्षा के कॉलेज	21	145	172	496
3. व्यावसायिक तथा अन्य कॉलेज	13	46	74	130
4. माध्यमिक स्कूल सामान्य	281	1170	1248	5297
5. माध्यमिक स्कूल व्यावसायिक तथा तकनीकी	–	94	292	665
6. स्पेशल तथा अन्य स्कूल	7	990	3729	4746
7. मिडिल स्कूल	–	4323	6739	11162
8. प्राथमिक स्कूल	50676	97854	160070	172681

तालिका 19.2: छात्रों का नामांकन (1855–56 से 1946–47)

Table 19.2: (Enrolment by Stages (1855–56 to 1946–47)

	1855-56	*1901-02*	*1921-22*	*1946-47*
1. विश्वविद्यालय				
– कुल	4355	23007	57837	237546
– लड़कियाँ	N.A.	264	1529	23207
2. माध्यमिक स्तर				
– कुल	33801	82312	218606	370812
– लड़कियाँ	N.A.	1677	5818	83270
3. मिडिल स्तर				
– कुल	–	1080670	385372	2036109
– लड़कियाँ	–	8133	24655	281606
4. प्राथमिक स्तर				
– कुल	885624	3564122	6404200	14105418
– लड़कियाँ	–	380282	1297643	3728793

Note: Enrolment of pupils at the primary stage includes enrolement in primary departments of secondary stage.

Sources: (1) Basu, Aparna, '***Essays in the History of Indian Education***' 1981.

(2) Nurullah and Naik in '*A Students' History of Education in India*' 1949 gives the number of Universities as 19 with 241,794 students.

(3) '*The Education Commission 1964-66*' puts the number of Universities at 20.

Dr. Veena Bhalla of the Association of Indian Universities, New Delhi, gives the following figures for the year 1947 in '*University News*', 39(2), January 08, 2001.

(i) Students enrolled in General Higher Education	183238
(ii) Students enrolled in professional—Special Higher Education	45643
Total	228881

Table 19.3: Sexwise Middle and High Schools 1946-47

Type of Schools	*Number*			*Enrolment*		
	Boys	*Girls*	*Total*	*Boys*	*Girls*	*Total*
Middle English Schools	4169	620	4789	540441	85484	625925
Middle Vernacular Schools	2914	567	3481	404377	92300	496677
High Schools	3061	576	3637	1381038	178341	1559279
Total for 1946-47	10144	1763	11907	2325836	356125	2681981
Total for 1936-37		13036				2287872

Source: *Student History of Education in India*, Nurullah and Naik

Note: Figures are for United Punjab.

Table 19.4: Expansion of Primary Education (1881-82 to 1946-47)

Year	*No. of Primary Schools*	*No. of Pupils*
1881-82	82916	2061541
1901-02	97854	3204336
1921-22	160070	6310400
1936-37	197227	10541790
1946-47	172681	13036248

Source: '*Second Yearbook*': Elementary Education' (1964), NCERT, New Delhi.

19.1 भारत में शिक्षा की अंग्रेजी पद्धति की मुख्य त्रुटियाँ और नकारात्मक प्रभाव (Chief Demerits and Negative Impact of British System of Education)

1. वह भारत की जरूरतों से संबंधित नहीं थी।
2. यह एक ग्राम-प्रधान देश में शिक्षा की शहरी पद्धति थी।
3. पाठ्यचर्या में अंग्रेजी को अधिक महत्त्व दिया गया था।
4. शिक्षा पद्धति बहुत किताबी थी।
5. पद्धति परीक्षा-अभिमुखी थी।
6. पद्धति बहुत फिजूलखर्ची वाली थी।
7. पद्धति का उद्देश्य मुख्यत: क्लर्क पैदा करना था।
8. पद्धति एक लीक पर चलती थी।
9. पद्धति सुनियोजित नहीं थी।
10. पद्धति में व्यावसायिक, वाणिज्यिक और तकनीकी प्रशिक्षण की उपेक्षा की गई थी।
11. पद्धति बहुत महँगी थी।
12. पद्धति एक धर्मनिरपेक्ष तथा लोकतांत्रिक स्वरूप की आवश्यकताओं के अनुरूप नहीं थी।
13. पद्धति में महिला शिक्षा की उपेक्षा की गई थी।
14. पद्धति में वैज्ञानिक और तकनीकी शिक्षा पर कोई ध्यान नहीं दिया गया।

15. पद्धति भारतीय संस्कृति के संरक्षण और विकास की उपेक्षा करती थी।
16. पद्धति भारतीय भाषाओं के विकास की उपेक्षा करती थी।
17. पद्धति जन-सामान्य की शिक्षा पर बहुत कम ध्यान देती थी।
18. पद्धति पश्चिमी विचारधारा एवं संस्कृति को बढ़ावा देने पर बहुत जोर देती थी।
19. पद्धति में अंग्रेजी भाषा के महत्त्व को बढ़ा-चढ़ा कर बताया गया था।
20. पद्धति के फलस्वरूप अशिक्षित वर्ग में बेरोजगारी फैली।

शिक्षा की अंग्रेजी पद्धति के सकारात्मक प्रभाव (Positive Impact of British System of Education)

(i) आधुनिक विचारधारा का प्रसार।
(ii) लोकतांत्रिक मूल्यों का प्रसार।
(iii) शिक्षित भारतीयों के एक वर्ग में साम्राज्यवाद-विरोधी विचारों का पैदा होना।
(iv) आर्थिक और सामाजिक समानता के विचारों का प्रवर्तन।
(v) जागरूकता पैदा होना जिसके फलस्वरूप धार्मिक और सामाजिक सुधार हुए।
(vi) भावनात्मक और राष्ट्रीय एकता की निष्ठा का विकास।
(vii) मानसिक परिधि का विस्तार और पश्चिमी संसार के साथ संपर्क।